Spirit of the Wolf

L'Âme du Loup

L'Environnement et l'Avenir du Canada
The Environment and Canada's Future

Editor/Éditeur
JO DAVIS

Préface
CLIFFORD LINCOLN

Perspectives
LUC GAGNON

Photographie
James Bay/Baie James
GRETCHEN McHUGH

Cover Painting
Couverture   RICK BEAVER   GARY LAWLESS   Poetry
Poésie

Drawings
Desseins   STEPHEN PETROFF   Adaptations de l'anglais
MARC MATHAN

Published by Turnaround Decade Ecological Communications
P.O. Box 788
Waterloo, Ont.
N2J 4C2

Printed in Canada by The Ainsworth Group Inc.

Canadian Cataloguing in Publication Data

Main entry under title:
Spirit of the wolf: the environment & Canada's future = L'âme du loup:
l'environnement et l'avenir du Canada

Text in English and French.

Includes bibliographical references and index.

ISBN 1-895541-00-X

1. Environmental policy – Canada.   2. Conservation of natural resources –
Economic aspects – Canada.   3. Environmental protection – Canada.
4. Canada – Economic policy – Environmental aspects.   I. Davis, Jo.
II. Turnaround Decade Group.   III. Title: L'âme du loup

HC120.ES65 1991   363.7'056'0971   C91-094649-3E

To support the Three R's Reduction, Reuse, Recycle, this book is produced with Environment-Friendly Inks, Coatings, Chemicals & Recycled/Recyclable Papers.

Donnés de catalogage avant publication (Canada)

Vedette principale au titre:
Spirit of the wolf: the environment & Canada's future = L'âme du loup:
l'environnement et l'avenir du Canada

Texte en français et en anglais.

Comprend des références bibliographiques et un index.

ISBN 1-895541-00-X

1. Environnement – Politique gouvernementale – Canada.   2. Conservation des
ressources naturelles – Aspect économique – Canada.   3. Environnement –
Protection – Canada.   4. Canada – Politique économique – Aspect de
l'environnement.   I. Davis, Jo.   II. Turnaround Decade Group.
III. Titre: L'âme du loup.

HC120.ES65 1991   363.7'056'0971   C91-094649-3E

A l'appui des «Trois R» Réduction, Récupération, Recyclage, ce livre est fait d'encres, des produits chimiques, des couches de vernis et des papiers recyclés/recyclables qui sont tous les amis de l'environnement.

You are the last whale,
washed up on a far beach.
The waves are pushing against you.
Your brothers and sisters are gone.
The light is too bright for your eyes.
You cannot breathe.
Small children are throwing rocks and laughing,
climbing onto your body.
You die alone, your ears full of wind.

You are the last buffalo.
The sun is setting over the plains.
You stand alone, enormous,
heavy with fur, lonely.
You are tired of running,
tired of running.
All of your friends have gone.
It seems even the earth has turned against you.
There is no one to say goodbye.
You rest, listening to the wind.

When the time is right,
the spirit of the wolf returns.

GARY LAWLESS
from "First Sight of Land"

3

Te voilà, toi la dernière Baleine
Acculée à cette baie lointaine
Tu es la dernière
Disparus tes frères, tes soeurs, les compagnons de l'océan
La lumière trop vive brûle tes yeux
Tu soffoques
Les petits enfants te jettent des pierres en criant
Montent sur toi en riant
Tu meurs, n'entendant plus que le vent.

Te voilà, toi le dernier Bison
Sur la plaine où le soleil se couche
Là où tu régnais, tu te tiens seul, énorme
Le poil épais, seul
Fatigué de fuir, seul
Finie ta horde, finie ta vie
La terre – la terre entière – s'est tournée contre toi
Nul ne reste pour accompagner ton départ
Tu te tiens seul, écoutant le vent

Vienne, vienne le moment
Où se réveillera l'âme du Loup

(Adapté de l'anglais par Marc Mathan)

LE LOUP / THE WOLF

Ontario Ministry of Natural Resources. Photo by Douglas Pimlott

Les rites du loup sont encore pratiquées par des autochtones de la côté Nord-Ouest, dits les descendants du «Peuple de Loup» qui ont fait la traversée du glacier jusqu'en Amerique du Nord. Le loup figure en légende comme messager et guide vers l'avenir. Il joue un rôle tutelaire dans la pratique du chamanisme et symbolise la renaissance.

The wolf ritual is still practiced by N.W. Coast Indians, thought to be descendants of the "People of the Wolf" who first crossed the ice bridge into North America. The wolf appears in legends as a messenger and guide to the future. It is a tutelary spirit of shamans and a symbol of renewal.

INDEX

Part I
Our Commissions

from the Toronto Star, courtesy of "Corrigan"

Partie I
Nos Commissions

Preface

Countless words have been spoken and written of late about Canada's future. These words have been overwhelmingly political, as political leaders and their respective teams toss constitutional arguments at one another. Jurisdictions are flung back and forth in the debating arena, and constitutional formulas keep springing up ceaselessly.

Seldom if at all do people deserve a mention, or a thought. Obsessed as government has become with the great constitutional adventure, it has left little room on consideration for people, and living.

This is why it is refreshing that some citizens, who decided to intervene in the tedious debate, chose to speak about people, and their lives. About living and quality of life. About society and the preservation and enhancement of its heritage. About our environment in its broadest sense and context, as a way of life and as a focal element of an enduring society.

They intervened to express and share their vision of an environmental society, which will continue itself into the long-term future, because it will care for the resources and bio-diversity which sustain life and living species, and provide the basis for our well-being. They see the environment not as items and compartments and piecemeal crises, but as an integrated whole, the tissue and fabric which enfold and support life and living.

These Canadians do not envisage society in terms of legalistic formulas or along traditionally vertical lines, where our preoccupations and aspirations are approached without regard to the interaction of one to the other.

They see and propose the environment in its broad context, as a catalyst and bonding instrument for society. Indeed, the environment being life and its supporting life systems in all their diversity can be one of the dominant binding elements in human activity. Surely, environmental society means a healthier, stronger and happier society. It also means an economically more vibrant and prosperous one, which can be sustained by its natural resources into the future. It certainly means a more equitable society – one more apt to share its resources and wealth, because it has wisely saved and enhanced them.

These Canadians offer that, in a world so fraught by strife and division, we should try to put our divisions aside and inspire ourselves towards positive goals. And the positive goal they put forward is that which motivates the overwhelming number of Canadians, above all others. The objective of making sure that our bountiful land can renew itself, its resources, and its majesty, into the endless future; that the riches it has inherited be used and conserved wisely, so that future generations, too, will be able to enjoy them; that these same vast resources and wealth help provide sustenance and support to those societies that suffer for lack of them.

Some might call these Canadians utopian. Our children, however, will not see them as dreamers. For our children sense the deep need, and do yearn, for an environmental society, a clean society of tomorrow. This is why we should find, in the genuine voices which propose a different approach in these pages, a refreshing and positive contribution.

Clifford Lincoln

Préface

Nous sommes saturés par les innombrables discours et écrits que nous devons subir sur l'avenir du Canada. Toutes ces déclarations revêtent un ton et une motivation qui sont surtout politiques, car nos leaders politiques et leurs camps respectifs ne cessent de se renvoyer la balle constitutionnelle. Le guerre des juridictions bat son plein et les formules constitutionnelles pleuvent de toutes parts.

Il est rare qu'il y soit question des gens, des citoyens. Obsédés comme le sont nos gouvernements par l'aventure constitutionnelle, les citoyens et leur vie de tous les jours sont les grands oubliés.

C'est pourquoi il fait bon de constater que certains citoyens, ayant décidé d'intervenir dans le sempiternel débat, ont choisi de parler de la vie, et de qualité de vie, de leurs concitoyens. Ils ont voulu parler de la société et de la préservation de son patrimoine. Ils ont abordé l'environnement dans le sens le plus large, comme élément dynamique d'une société durable.

Ils ont exprimé et partagé leur vision d'une société environnementale, qui se maintiendra dans un avenir très lointain parcequ'elle tiendra à coeur les ressources et la bio-diversité qui soutiennent la vie et les espèces vivantes, tout en constituant la base même de notre bien-être. Ces citoyens entrevoient l'environnement non en tant que matières et compartiments et crises ponctuelles, mais comme un tout, comme la fibre même de la vie.

Ces Canadiens ne voient pas la société par le biais de formules légalistes ou selon les divisions verticales traditionnelles, lesquelles exigent que nos préoccupations et nos aspirations soient considérées sans regard à l'interaction des unes aux autres.

Ils propose que l'environnement, dans son contexte le plus large, devienne un catalyseur et un lien de société. En effet, l'environnement ayant trait à la vie et les écosystèmes qui soutiennent la vie dans toute sa diversité, pourrait devenir un des éléments les plus positifs de l'activité humaine. N'est-il-pas évident qu'une société environnementale voudrait dire une société plus saine, mieux équilibrée et plus

L'environnement pour Clifford Lincoln, c'est un sens de la vie même, un sens d'appartenance, de valeurs. C'est le tissu de la vie, les racines de l'héritage sous toutes ses formes. Lorsqu'il dut quitter le sentier politique il y a quelque temps, il retourna à celui de l'environnement – le sentier vers l'avenir du Canada.

To Clifford Lincoln, the environment is a sense of living, of belonging, of values. It is the web of life, the roots of heritage, heritage in its many forms. Since leaving the political trail recently, Clifford Lincoln is back on the environmental path – for the future of Canada.

CLIFFORD LINCOLN

heureuse? Certes, une société environnementale veut dire aussi une société plus vibrante et prospère au niveau économique, car elle pourra se renouveler pour un avenir indéterminé à partir des ressources naturelles qu'elle aura su préserver. Sans nul doute, elle implique enfin une société plus équitable – une plus apte à partager tant ses ressources que sa richesse car elle aura sagement su les conserver et les améliorer.

Ces Canadiens pensent que dans un monde souvent déchiré par des querelles stériles, nous devrions mettre de côté nos division et, au contraire, trouver notre inspiration dans des objectifs positifs. L'objectif positif qu'ils nous proposent est celui qui motive déjà la très grande majorité des Canadiens, au delà même de toute autre. Celui de nous assurer que notre pays de plénitude puisse se renouveler, et puisse renouveler sans cesse tant ses ressources que la majesté de ses paysages; que les richesses immenses dont nous avons hérité soient utilisées et conservées avec sagesse, afin que les générations futures puissent, elles aussi, s'en servir et en jouir; que cette abondance et ces vastes ressources puissent venir en aide à ces sociétés désavantagées par le manque de ces mêmes attributs.

Il y en a sûrement qui trouveront ces Canadiens utopiques. Cependant, les enfants de deux-ci ne penseront pas, eux, que ces Canadiens vivent d'illusions. En effet, nos enfants ressentent et souhaitent ardemment la venue d'une société environnementale, d'une société propre de demain.

C'est pourquoi, nous devrions trouver dans les témoignages si sincères qui s'expriment dans les pages qui suivent, un message d'avenir positif et dynamique.

Clifford Lincoln

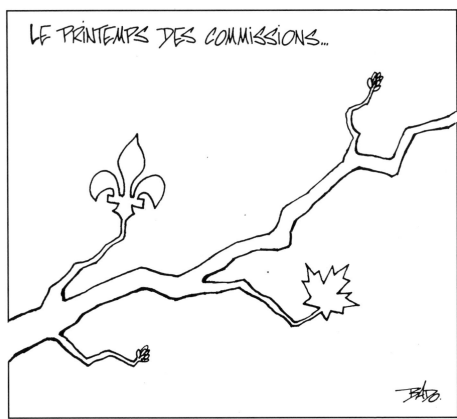

Réproduit avec permission Le Droit

Ontario Ministry of Natural Resources. Photographer: Lloyd Walton

Introduction

One of the world's oldest conjuring tricks is when the audience dupe is urged to "Pick a card, any card!" – and somehow ends up with the conjurer's choice. That is how the Citizen's Forum on Canada's Future has been operating. That is why this book is being published.

Reprinted courtesy of Le Droit

At first the Forum seemed like a good idea, poetry and all. The introductory pamphlet appealed for "*your* ideas for our country's future": "to consider *all* of today's realities and *all* of tomorrow's potential". I was asked to chair a Forum group discussion at Kitchener Public Library, and another one when the Commissioners came to town. I agreed and was given The Kit – and found that all "ideas, realities and potential" were predetermined by a tightly structured five-page agenda. The Discussion Leader's Guide instructed that I could "explain to the group that the Forum has provided Discussion Points that it wants all groups to use, so its Final Report reflects the views of all Canadians on these issues".

Pick a card, any card!

I told the local organizer I would follow The Kit for the Public Library meeting, but environmentalists, such as the Turnaround Decade Group, believed there was more to Canada's future than the current political differences and that we should be looking at the Environment as a unifying concept. Over some admonitions that "it wasn't what was required", I managed to negotiate an environmental forum when the Commission actually visited Waterloo. In the meantime I ran the Library meeting using the Discussion Points. I discovered that:

- the twelve participants were exhausted by the time three hours had elapsed and before we reached "environment" mentioned in a sub-clause on the last page.
- discussion was heated around language, Quebec and cultural diversity issues, as already reported in the media.
- some of the participants were Forum "repeaters" and, in the local press, the same names were mentioned again on later occasions.
- the Association for the Preservation of English in Canada (A.P.E.C.), a group vociferously opposed to official bilingualism, had representatives at most of the meetings here and in many other places across Canada.

Jokers in the deck.

Brian Turnbull, Waterloo's environmentally responsible Mayor, arranged for us to make our environmental presentation to the Forum in the City's Council Chambers. Commissioner Elsie Wayne attended part of our meeting on February 27th. So did some members of A.P.E.C., who objected to the fact that we were not following the Discussion Points. The sizeable gathering of about sixty people voted for the Environment agenda.

We got to pick our own card.

Elsie Wayne remarked that the Commission rarely heard about the Environment – hardly surprising when even the word is barely visible among the Discussion Point the Forum "wants all groups to use". Later other environmental groups heard about our presentation and wished they had done the same but "didn't know it was allowed". So much for "all ideas, realities and potential".

This book, then, attempts to cast some light on the path not taken by all the Commissions, provincial and federal, not just Spicer. Only three months in the making, by volunteers with no budget, it cannot cover all the environmental issues involved in Canada's future: but it combines what we outlined on February 27th with ideas from Turnaround Decade Group members and Advisors in different parts of the country. In French and English it tries to cut across language barriers and party lines and prove that concern for the Environment affects every aspect of our lives and of Canda's future – as opinion polls repeatedly demonstrate. And on this we are united, can learn from each other and work together – as you will see from the example of my friend, Luc Gagnon, whose practical solutions to environmental problems can be found throughout these pages.

Above all, however you get hold of "Spirit of the Wolf" – your local bookstore, direct mail, the library, borrowed from a friend – don't just read it, DO something. This is a book designed to thrust the Environment into the public debate on Canada's future through your participation. There are questions for

Reprinted courtesy of *The Globe and Mail*

you to consider throughout, summarized in the mailback insert which you're urged to photocopy, distribute, discuss, add comments (use extra paper), change, complete and return at our expense. The Forum on Environment and Canada's Future will be your response in "Spirit of the Wolf" Volume II, early next year. It's up to you.

Jo Davis
Editor
June 1991

Reprinted with permission of Globe & Mail. Photographer: T. Kolley

Les Canadiens prêts à payer plus cher pour l'environnement malgré la récession

Les Canadiens estiment que la protection de l'environnement devrait rester une priorité du gouvernement durant une récession même si cela se traduit par une preprise plus lente de l'économie. C'est ce que révèle un sondage Angus Reid/LE SOLEIL realisé auprès de 1503 Canadiens entre le 12 et 20 mars.

Pour illustrer davantage l'importance que les Canadiens attachent à l'environnement, même au cours d'une période difficile, l'enquête mentionne que près d'un consommateur sur trois rapporte que les dépenses de leur ménage pour des produits qui tiennent compte de l'environnement ont augmenté depuis le début de la récession.

THE TORONTO STAR   Tuesday, April 2, 1991

Green concerns still high despite economy: Poll

OTTAWA (Special) – Despite had economic times, environmental protection is still a priority for the majority of Canadians, according to a poll released today.

More than three-quarters of the people surveyed by Angus Reid in March said th government shouldn't reduce its focus on environmental protection, even if it means a slower recovery from the recession.

The poll also found Canadians don't want the government to ease up on pollution regulations, even if it would put more people back to work.

"The environment is a main-stream issue. People do not see a trade-off between jobs and the environment, even in the midst of a recession," said John Wright, vice-president of the Winnipeg-based polling company.

ANGUS REID POLL

Green concern survives recession

Since the recession began last fall, how has your household spending changed on environmentally "green" products?

No change ■	More □	Less/unsure ▨
58%	36%	6%

If you had to choose between two pretty well identical grocery brands except that one of them was environmentally "green" and cost 10 per cent more, which one would you buy?

Green, pay 10% more ■	Other product, save 10% □	Unsure ▨
67%	28%	5%

During a recession, should the government maintain environmental protection as a priority or reduce its focus and ease up on regulations to maintain jobs?

Maintain ■	Reduce □	Unsure ▨
76%	20%	4%

The telephone survey of 1,503 adult Canadians conducted March 12-20 is considered accurate within 2.5 percentage points, 19 times in 20.

PAUL PERREAULT/Southam News Graphics

Les sports nationaux à travers le monde...

USA
CUBA
JAPON

CHINE

UN PEU PARTOUT

URSS
TCHÉCOSLOVAQUIE
SUÈDE
FINLANDE

ANGLETERRE

MACDONALD
PEPIN-ROBARTS
LAURENDEAU-DUNTON
CANADA

FRANCE

Reproduit grâce à Le Droite

Introduction

Vous connaissez le vieux tour de passe-passe ou un dupe dans l'auditoire est appelé à piger une carte ... n'importe laquelle. Le dupe se retrouve inévitablement avec la carte choisie par l'illusionniste. C'est ainsi que fonctionne le Forum des Citoyens sur l'Avenir du Canada, la raison qui nous amène à publier ce livre.

Au debut le Forum semblait être une bonne idée, poèmes y compris. Son depliant en appelait a «*votre* vision de l'avenir de notre pays», ainsi qu'à «examiner *l'ensemble* des realités du moment» de même que «*toutes* les possibilités qu s'offrent à nous». On m'a demandeé de présider une discussion de groupe relative au Forum à la bibliothèque municipale de Kitchener ainsi qu'une autre assemblée lorsque les commissaires allaient visiter la ville. Ayant accepté, on m'a confié le cahier – où j'ai appris «la vision, les realités et les possibilités» étaient prédeterminés par un ordre du jour de cinq pages rigoureusement structuré. Le Guide de l'Animateur m'informait que je pouvais «expliquer que des points de discussion ont été prévus et que le Forum souhaite les voir suivre par tous les groupes afin de bien rendre les vues de tous les Candiens sur ces questions dans son rapport final».

Pigez une carte ... n'importe laquelle!

18

J'avisais l'organisateur que j'acceptais de suivre les directives du guide pour la séance à la bibliothèque municipale. J'ajoutais toutefois, que pour les environnementalistes comme, par exemple, les membres du Groupe de la Décennie du Grand Virage, l'avenir du pays représentait bien plus que les différends politiques actuels. Nous devrions, lui dis-je, étudier l'environnement en tant que concept unificateur. Après qu'on m'eut rappelé que «ce n'était pas ce qui était requis», j'ai fini par convaincre l'organisateur de tenir un forum environnemental lors de la visite de la Commission à Waterloo. Entretemps, je présidais l'assemblée à la bibliothèque municipale, en suivant le guide pour animer la discussion. C'est ainsi que j'appris ce qui suit:

- les douze participants étaient épuisés au bout de trois heures de discussion, avant d'aborder «l'environnement», mentionné dans un sous-paragraphe de la dernière page;
- la discussion fut chaude lorsqu'il s'agit des langues officielles, du Québec et des questions culturelles, tel que les média l'avaient déjà signalé;
- certains des participants étaient en toute évidence des «récidivistes» du Forum car leurs noms ont paru plus d'une fois dans la presse locale;
- l'Association pour la Préservation de la langue anglaise au Canada, groupe vivement opposé au bilinguisme officiel, était représentée à toutes les réunions locales, et sans doute ailleurs au pays.

Les jokers font partie du jeu ...

Grâce à Brian Turnbull, maire de Waterloo, très conscient de l'environnement, le Groupe de la Décennie du Grand Virage allait pouvoir faire une présentation sur l'environnement au Forum, dans la salle du conseil de ville. La commissaire Elsie Wayne était présente à une partie de la rencontre du 27 février. Il y avait aussi quelques membres de l'Association pour la Préservation de la langue anglaise, qui s'objectèrent à ce que nous n'avions pas accepté de suivre les points de discussion habituels. La majorité d'une soixantaine de personnes présentes vota en faveur de l'agenda sur l'environnement.

Nous avons pigé notre propre carte ...

En nous quittant, Elsie Wayne remarquait que la Commission avait rarement entendu parler de l'environnement – pas surprenant puisque le mot est quasiment invisible parmi les points de discussion que le Forum «veut que les groupes utilisent». L'environnement n'est même pas mentionné dans le dossier spécial distribué aux étudiants eux-mêmes avaient parfois abordé le sujet de l'environnement. Des environnementalistes de Toronto ayant entendu notre présentation exprimèrent leur déception de n'avoir pas fait de même, «puisqu'ils ne savaient pas que c'était permis».

Est-ce bien cela «*toute* la vision et l'ensemble des réalités, des possibilités»? Ce livre, tel que le suggère son titre, cherche à éclairer le sentier délaissé par *toutes* les commissions fédérale et provinciales, y comprise la Commission Spicer. En chantier depuis seulement trois mois, et l'oeuvre de bénévoles sans budget, il ne peut évidemment pas aborder toutes les problématiques environnementales reliées à l'avenir du Canada. Toutefois il relie notre témoignage du 27 février avec les idées avancées par les membres et conseillers de différents coins du pays du Groupe de la Décennie du Grand Virage. En français et en anglais, il tente de passer outre aux barrières linguistiques et aux contraintes des partis politiques afin de démontrer, nous croyons, que le souci de l'environnement engage tous les aspects de notre vie ainsi que ceux qui décideront de l'avenir du Canada – tel que le confirment les nombreux sondages. Quant à cette question, donc, nous sommes d'accord, nous sommes en mesure d'apprendre les uns des autres et nous pouvons unir nos efforts.

L'essentiel pour vous chacun de nous c'est avant tout d'**agir** après avoir lu «l'Ame du loup» – peu importe comment vous vous l'êtes procuré: de votre libraire, de votre bibliothèque municipale, ou d'un ami. L'objectif du livre est d'introduire l'environnement dans le débat public sur l'avenir du Canada, et ce, grâce à *votre* participation. Vous y trouverez des questions à considérer, résumées dans la section détachable du livre ... que nous vous prions de photocopier, de distribuer, de discuter entre vous et de nous retourner (à nos frais) après y avoir inclus vos commentaires et l'avoir changé ou complété comme bon vous semble. Le Forum public sur l'avenir environnemental du Canada – sera «L'Ame du loup», volume II, tôt l'an prochain. Cet avenir est entre nos mains, à tous.

Jo Davis
Editeur
Juin 1991

Male elks locked in combat/Deux elans se battent
Ontario Ministry of Natural Resources. Photograph by J.B. Dawson

(When answering these questions please use the pages provided at the end of the book.)

(En répondant à ces questions, utiliser s'il vous plait les pages à la fin du livre.)

Question 1

A) "Democracy substitutes election by the incompetent many, for appointment by the corrupt few."
   – Maxims for Revolutionists, George Bernard Shaw
In your opinion, does this statement describe Canada today?

A) «La démocratie substitue l'élection par la majorité incompétente à la nomination par l'élite corrompue.»
   – Maxims for Revolutionists, George Bernard Shaw
À votre avis, est-ce que cette déclaration décrit le Canada d'aujourd'hui?

☐ Strong Agreement
☐ Agreement
☐ Disagreement
☐ Strong Disagreement
☐ Not Sure
☐ Other

☐ Très d'accord
☐ D'accord
☐ Pas d'accord
☐ Pas du tout d'accord
☐ Pas sûr
☐ Autre

B) In a democracy, a commission is one of many methods by which a citizen can participate in the decision-making process between elections. Some others are:

B) Dans une démocratie, une commission n'est qu'un moyen par lequel un citoyen peut participer dans le processus politique entre élections. D'autres moyens sont:

C) What have been your own experiences with any of the methods you have listed above?

C) Quel est votre propre expérience en rapport avec les moyens que vous avez cités ci-haut?

Part II – Our Environment & Canada's Future

Editor's Note

*One of the recurring themes about the "Turnaround Decade" people in this book is how commitment to change also changes personal lives quite radically, often painfully. For women especially it can mean a period of transition that involves marriage break-up. In many cases, friendships are lost, family members drift apart, living standards change. But wounds heal, new friendships are made with interesting fellow spirits going through the same shift in values, and suddenly there are a lot of "things" it's no longer necessary to own. **SUSAN RUPERT** has been campaigning for safe water in the town of Elmira for several years and, in the process, has gone through the rite of passage I've described. She says "You have to lose a whole lot of baggage you didn't even know was baggage – and sometimes that includes people you were once close to. So it's an upheaval. Your lifestyle changes from yuppie middleclass. But one day you realize you're managing okay because you're not buying all that stuff any more. And you're happy again, doing what you have to do with people who understand why ... "This is how Susan began our presentation to the Spicer Commission last February 27th at Waterloo City Hall.*

I share the majority view of Canadians, and citizens throughout the world, that the wellbeing of this planet, its inhabitants of every species and the future generations of our own species are wholly dependent on healthy ecosystems – first and foremost. We can talk all we like about a new Canada, constitutional changes, distinct societies. But it won't mean much in a few years unless we can breathe the air, eat what we grow, drink the water. That's our common future and we'd better remember it as we tinker with the Constitution or any of the other mechanisms by which we govern ourselves.

That's what I want to share with you – the enormous difficulties of trying to access that governing process that our taxes have put in place and which we, therefore, pay to frustrate us or so it often seems! Something must be done if all our energy and passion for positive change is to be focussed where society needs it. First the problem, as we've lived it in Elmira. Then some solutions because that is our focus.

We have unprecedented contamination in our town, threatening our air, surface water and ground water. We have municipal water that is contaminated with a potent carcinogenic substance. Half of our municipal wells have been closed, as have a number of privately owned wells. Unless something is done, our wells will soon be a veritable chemical soup.

How did this tragedy come about? It's not a new discovery. The problem has been documented and studied for over a decade and known and discussed since the 60's and 70's. Those involved with the discussions have included the management of the offending industry, the local municipal government and then the regional government. Officials

rom different ministries of the Ontario government and even departments of the federal government have also been involved. APT Environment got into the mix about two years ago.

As we contacted the different levels of government for information, we were consistently told that some important aspect of the situation wasn't their problem. The federal departments told us they could do nothing unless the Ontario government formally requested their assistance. The Ontario government claimed that it didn't have the needed resources to cover all aspects of the difficulties: that they were waiting for guidelines from the federal government: or, another time, that the problem didn't fall under federal jurisdiction. Regional government told us that, while it was partly responsible, other government levels were also responsible, that they couldn't independently make a decision, nor did they have the financial or expert resources to effect a solution. The municipal government also lacked the resources and expertise to handle the problems and were answerable to the other three levels of government.

In the meantime, the initial offending industry and the other, subsequently named, polluting industry both refused to accept responsibility or to clean up. They have thrown all interested parties, including our citizens' group into the costly legal arena to decide, yet again, the extent of the problem and who is or who isn't responsible for cleaning up the mess.

A large amount of money (taxpayers' money) has been spent by each of the governments on technical research studies, expert consultant fees, working committees, reports, legal advice. A lot of resources and a lot of money has been spent to generate a lot of information about a problem that has existed for a lot of time. And we are no closer today to a secure water supply than we were in November 1989 when our wells were closed. And we are no closer to a secure water supply today despite the piles of documentation that has been gathered for more than a decade.

Enough. Can you imagine how we might have become cynical about the competence of government and industry and in our overwhelming frustration tempted to give up. But we haven't, because our very lives depend on solving environmental problems like this – our very Canadian lives. Despite what we've been through, and are still going through, I've learned that we can, at the grassroots level, solve problems and that we're darn good at it, too. That's the good news. I have seen citizens join together to form collectives to ask informed questions and obtain scientific and technical research to pose creative ideas for environmental solutions. Citizens devote massive numbers of hours, voluntarily, to help monitor and critique processes that effect our Mother Earth. They spend their own money to do this as well as their tax dollars to support government services that don't necessarily "serve". They watch apprehensively as tax dollars are spent in virtually subsidizing some industries who insist upon having scientific and legal proof from governments that they are polluting. There needs to be a shift from this dinosaur approach to one which insists that industries prove they are not polluting. Certainly a change in the environmental legislation must occur around the burden of proof.

I have also seen other members of the business community examine and change their operating practices based upon ethical and moral awakenings. I see management of companies understanding the difference between green marketing and operating green processes. Just as economic theories were developed for that new notion called "inflation" in the early 70's, so new eco-

Editor's Note
Only Commissioner Elsie Wayne of the Citizen's Forum heard Susan Rupert's impassioned appeal on behalf of the "ordinary" citizens of Elmira. Although Keith Spicer was in town, he met instead with leaders of local business companies. One of them, Uniroyal Goodrich, uses chemicals manufactured by Uniroyal Chemical, a major contributor to Elmira's severe pollution problems.

Business backs strong central government
Ottawa 'must stand firm,' K-W groups tell Spicer commission
By Mike Strathdee
Record staff

Canada needs a strong central government, leadership that will speak up for the strengths of the country and a clearer sense of what Canadians can realistically expect from Ottawa, area business leaders said Wednesday.

These were the suggestions of a dozen members of the executives of the Kitchener and Waterloo chambers of commerce who met with Citizen's Forum chairman Keith Spicer for a working supper discussion at the Kitchener chamber offices on Canada's future.

Bill Gladwish, Barry Burnstein and Cliff Coffin opposed greater decentralization, saying the country will not survive without a strong central government.

"I think the federal government needs to stand firm and rule the country like it's been doing," said Coffin, who heads up the Waterloo, Wellington, Dufferin & Grey Building & Construction Trades Council.

Owen Lackenbauer of Uniroyal Goodrich Canada said Canadians need to tear down trade barriers and build national institutions.

People outside Quebec resent Quebec's claims for increased powers, and Canadians who want to feel good about their country "are becoming confused and disenchanted because the signals they are getting are mixed," he said.

Kathi Smith, executive director of Junior Achievement of Kitchener-Waterloo, said Canadians lack a sense of commonality. "One of the problems we have in this country is that we're not Canadians," she said. "We're Albertans first, we're Quebecers, we're Germans."

Gladwish agreed, expressing concern that multiculturalism policies promote ethnicity. "Let's be Canadians," he said.

Both Smith and Burnstein suggested that heritage language classes should not be publicly funded.

Bill Kennaley, a government relations consultant, said various constitutional discussions under way have failed to address the crucial question of what we expect from our governments. "It may be that we should be asking ourselves whether there are some things that government shouldn't be involved in at all."

Ottawa needs to ignore special interests such as multiculturalism and feminists and address concerns over the division of powers through the tax system rather than "tinkering at the edges of policies and other stuff," Kennaley urged.

Bruce Burns of Schendel Office Inc. said he favors a strong central government, but with increased regional control over how tax dollars are allocated. "The lower the level of government, the better the tax dollars are spent," he said.

Several speakers supported official bilingualism, but told Spicer that must include equal rights for anglophone Quebecers.

reprinted with permission of K-W Record

nomic theories are being developed to disprove the presumption that environmental and economic interests are at cross-purposes. Politicians and civil servants can decide to be part of the solution and join others willing to take risks to effect change. And I would suggest to all of us that if we can work on these environmental issues that must and will change economic policies, the law and societal organizations, we can resolve other issues that face us as a nation.

My vision for a cohesive Canada, which I share with the Citizen's Forum and everyone here today, includes a co-operative government network – the federal government as a leader and as a centralized resource for our citizens. I see the various departments and divisions of the government providing services which offer dependable direction and reliable and consistent information to enable all of us to solve our problems. I see this sharing as strengthening our relations with each other and offering an example to our international neighbours as well.

I see the various provincial and territorial governments, regional ones and municipal governments also able to share resources with the federal departments as well as sharing among themselves. I can imagine research centres and academic institutions contributing their findings to all levels of governments. Citizens too would be able to access the centralized information to assist with our various challenges. Through the public consultation process (like this very occasion) citizens could be involved in two-way conversations with all levels of government, business and industry , the scientific and technology worlds and with health personnel.

I believe, above all, in our greatest Canadian resource – the fundamental common sense of our citizens and their willingness to roll up their sleeves and do some sweaty, hard work together. Sure, we're not all in agreement with each other and many of us find it hard at first to change. Yes, we all are different, thank God. Let's celebrate and use our differences to brain storm and come up with those innovative solutions for a better environment ... and every other aspect of out lives together in Canada as the guests of Mother Earth.

Susan Rupert

The image shows a steaming mug with a face on it beside a jar labeled "INSTANT ENVIRONMENTALISM JUST ADD HYPE AND STIR" with "MULRONEY & CO. OTTAWA." at the bottom. Signed "LARTER . TORONTO STAR."

Reprinted courtesy Toronto Star

Partie II – Notre Environnement et L'Avenir du Canada

Note de l'Editeur

Il est frappant de constater comment un thème dominant s'applique à tous les membres du groupe Turnaround Decade qui figurent dans ce livre: c'est à quel point leur engagements envers la cause du changement a changé leur vie personnelle de façon radicale, et souvent pénible. Chez les femmes surtout, ce changement implique une période de transition, allant jusqu'à la rupture de leur mariage. Dans plusieurs cas, les amitiés sont brisées, les membres d'une même famille vont leurs chemins différents, et le niveau de vie est affecté. Mais les blessures guérissent, de nouvelles amitiés se créent avec des collègues qui vivent le même cheminement de valeurs. Soudain, il y a beaucoup de «choses» qu'il n'est plus nécessaire de posséder. **SUSAN RUPERT** *campagne depuis plusieurs années pour de l'eau pure dans la municipalité d'Elmira et, sur les entrefaites, elle a vécu le cheminement que je décris plus haut. Elle affirme «qu'il faut perdre beaucoup de bagage que tu ne savais même pas être du bagage – et, parfois ceci veut dire la perte de certains amis avec qui on était intime. C'est tout un bouleversement. Ta façon de vivre cesse d'être celle d'une yuppie de classe moyenne. Cependant, tu arrives un jour à réaliser que tu peux subvenir à tes besoins, n'ayant plus besoin de toutes ces choses. Et, tu retrouves l'équilibre et la joie en faisant ce que tu te dois faire avec des gens qui te comprennent ... »*

Je partage l'opinion de la majorité des Canadiens et des citoyens à travers le monde, que le bien-être de cette planète, ses habitants de toutes espèces et les générations futures de notre propre espèce sont totalement subordonnés à des écosystèmes sains – surtout et avant tout. Nous pouvons parler autant que nous voulons d'un nouveau Canada, de changements constitutionnels, de sociétés distinctes. Mais cela ne voudra pas dire grand chose dans quelques années, si nous ne pouvons respirer l'air, manger ce que nous cultivons, boire l'eau. C'est notre *avenir commun* et il vaudrait mieux que nous nous en souvenions lorsque nous tripatouillons la Constitution ou n'importe quel autre mécanisme par lequel nous nous gouvernons.

C'est ce que je veux partager avec vous – les énormes difficultés qui résultent d'essayer d'accéder à ce processus gouvernemental depuis les racines du système. Encore pis, c'est un processus gouvernemental que nos impôts ont mis en place et que, par conséquent, nous payons pour être frustrés ou presque, comme c'est souvent le cas, semble-t-il. On doit faire quelque chose si toute notre énergie et toute notre passion pour un changement positif doivent être concentrées là où la société en a besoin.

D'abord, le problème, comme nous l'avons rencontré à Elmira. Ensuite, des solutions parce que c'est ça notre préoccupation. Notre ville est contaminée d'une manière sans précédent, cela menace notre air, nos eaux en surface et au sol. Notre eau municipale est contaminée par une puissante substance cancérigène. La moitié de nos puits municipaux ont été fermés, ainsi qu'un nombre de puits particuliers. A moins que quelque chose ne soit fait, nos puits seront bientôt un véritable bouillon chimique.

Comment cette tragédie est-elle arrivée? Ce n'est pas une découverte nouvelle. On se renseigne et on étudie le problème depuis 10 ans et on le connaît et on en discute depuis les années soixante et soixante-dix. Ceux qui sont engagés dans les discussions ont inclus la gestion de l'industrie, le gouvernement municipal local et puis le gouvernement régional. Des fonctionnaires de différents ministères du gouvernement

31

Il n'y a qu'un seul moyen pour qu'une société chimique canadienne puisse afficher ce symbole :

GESTION RESPONSABLE : UN ENGAGEMENT TOTAL

S'engager.

Au Canada, avant qu'un fabricant de produits chimiques puisse devenir membre de notre association, il lui faut s'engager...

S'engager... à prendre toutes les précautions utiles pour s'assurer que ses produits ne présentent pas de risques inacceptables pour ses employés, ses clients, le public ou l'environnement.

S'engager... à observer un strict ensemble de codes de pratique dans l'exercice des activités suivantes : recherche et développement, fabrication, transport et distribution des produits, gestion des déchets et planification du secours d'urgence communautaire.

Ce n'est qu'après s'être ainsi engagée qu'une entreprise peut afficher le symbole de la Gestion responsable[md]

Nous demandons aux entreprises membres de se montrer exigeantes avec elles-mêmes. Et vous-même devriez vous attendre à tout autant de leur part.

L'ASSOCIATION CANADIENNE DES FABRICANTS DE PRODUITS CHIMIQUES

de l'Ontario et même des départements du gouvernement fédéral ont aussi été engagés. «APT Environment» est entré dans le circuit il y a deux ans environ.

Lorsque nous contactions les différents niveaux de gouvernement pour des renseignements, on nous a dit de manière répétée, que certains aspects importants de la situation n'étaient pas de leur ressort. Les départements fédéraux nous ont dit qu'ils ne pouvaient rien faire si le gouvernement de l'Ontario ne requérait pas leur aide de manière officielle. Le gouvernement de l'Ontario a prétendu qu'il n'avait pas les ressources nécessaires pour parer à tous les aspects des difficultés: qu'il attendait des directives du gouvernement fédérale ou, à une autre occasion, que le problème n'entrait pas dans la juridiction fédérale. Le gouvernement régional nous a dit que, alors qu'il était partiellement responsable, d'autres niveaux de gouvernement l'étaient aussi, qu'il ne pouvait pas prendre de décision de manière indépendante, qu'il n'avait pas les ressources financières ou expertes pour trouver une solution. Le gouvernement municipal manquait également de ressources et d'expertise pour traiter les problèmes et il devait répondre des trois autres niveaux de gouvernement.

Pendant ce temps-là, l'industrie fautive initiale et une autre, appelée ci-après l'industrie polluante, ont toutes deux refusé d'accepter la responsabilité ou de nettoyer. Elles ont entraîné toutes les parties intéressées, y compris notre groupe de citoyens, dans le coûteux circuit légal pour décider, à nouveau, de l'étendue du problème et à qui incombe la responsabilité de nettoyer la saleté.

Une grande quantité d'argent (l'argent des contribuables) a été dépensée par chaque gouvernement en études de recherche technique, honoraires de conseillers, comités de travail, rapports, conseils d'avocats. Beaucoup de ressources et d'argent ont été dépensés pour amener beaucoup de renseignements à propos d'un problème qui existe depuis longtemps. Et nous ne sommes pas plus près aujourd'hui d'un approvisionnement d'eau sûre que nous ne l'étions en novembre 1989, quand on a fermé nos puits. Et nous ne sommes pas plus près d'un approvisionnement d'eau sûre malgré toute la documentation amassée pendant plus d'une décennie.

Assez! Pouvez-vous vous imaginer comment nous avons pu devenir aussi cyniques à propos de la compétence du gouvernement et de l'industrie et dans notre frustration qui nous envahit et qui nous pousse à abandonner. Mais nous n'avons pas abandonné parce que notre vie-même dépend de la solution à des problèmes écologiques comme celui-ci, notre vie canadienne elle-même. Malgré tout ce que nous avons essuyé, et que nous sommes encore en train d'essuyer, j'ai appris que nous pouvions résoudre de problèmes à la racine et que nous sommes vachement bons dans ce domaine. Ça, c'est la bonne nouvelle. J'ai vu des citoyens s'unir pour former des collectivités ou poser des questions bien précises et obtenir des recherches scientifiques et techniques dans le but de mettre au point des idées créatrices afin de trouver des solutions écologiques. Des citoyens consacrent de nombreuses heures et ce, bénévolement, à contrôler et à critiquer des processus qui affectent notre planète Terre. Ils dépensent leur propre argent à faire cela, aussi bien que leurs dollars d'impôts pour soutenir des services gouvernementaux qui ne «servent» pas nécessairement. Ils observent avec appréhension les dollars d'impôts qui sont dépensés en subventions à des industries qui insistent sur la preuve scientifique et légale des gouvernements qu'ils polluent. Il doit y avoir un changement radical dans cette approche dépassée et nous devons nous tourner vers l'obligation des industries de prouver qu'elles ne polluent pas. Un changement dans la législation écologique doit certainement survenir à propos de la charge de la preuve.

J'ai aussi rencontré d'autres membres de la communauté des affaires qui ont reconsidéré et changé leurs pratiques opérationnelles basés sur des réveils éthiques et moraux. J'ai vu les directions de compagnies comprendre la différence entre le marketing vert et les processus opérationnels verts. Tout comme on a mis au point des théories économiques au sujet de cette nouvelle notion appelée «inflation» au début des années soixante-dix, de nouvelles théories économiques sont en train d'être développées pour nier la présomption que les intérêts écologiques et économiques se contrarient. Les politiciens et les fonctionnaires peuvent décider de faire partie de la solution et de se joindre à d'autres disposés à prendre des risques pour effectuer des changements. Et je suggérais à chacun de nous que si nous pouvions travailler ces problèmes écologiques qui doivent et vont changer les politiques économiques, la loi et les organisations de la société, nous pouvons résoudre d'autres problèmes auxquels nous devons faire face en tant que nation.

Ma vision d'un Canada cohésif que je partage avec ce Forum du citoyen et avec tout le monde ici aujourd'hui comprend un réseau coopératif gouvernemental – le gouvernement fédéral comme meneur et comme ressource centralisée pour nos citoyens. J'imagine divers départements et divisions du gouvernement qui pourvoient des services offrant une direction digne de confiance et des renseignements fiables et cohérents pour nous permettre tous de résoudre nos problèmes. J'envisage ce partage comme un renforcement de nos relations les uns avec les autres et comme un exemple aussi à nos voisins internationaux.

J'imagine les divers gouvernements provinciaux et territoriaux, régionaux et municipaux, capables eux aussi de partager des ressources avec les départements fédéraux et aussi entre eux. Je peux imaginer que des centres de recherche et des institutions académiques fassent part de leurs résultats à tous les niveaux gouvernementaux. Les citoyens pourraient aussi accéder aux renseignements centralisés pour nous aider à relever nos divers défis. Grâce aux processus de consultation publique (comme à cette occasion), les citoyens pourraient être engagés dans des conversations bilatérales avec tous les niveaux du gouvernement, le monde des affaires et de l'industrie, de la science et de la technologie ainsi qu'avec le personnel médical.

Je crois surtout en notre plus grande ressource canadienne – le bon sens fondamental de nos citoyens et leur volonté de retrousser leurs marches et de faire du dur labeur ensemble. Bien sûr, nous n'agréons pas tous aux mêmes choses et beaucoup d'entre nous ont des difficultés de changer tout de suite. Oui, bien sûr, nous sommes tous différents, Dieu merci. Fêtons cela et utilisons nos différences pour nous creuser la cervelle et trouver des solutions innovatrices pour un meilleur environnement ... et tous les autres autres aspects de notre vie ensemble au Canada comme invités de la planète Terre.

Susan Rupert

*Un seul membre de la Commission Spicer était présent au Forum des citoyens lorsque **Susan Rupert** témoigna du fond du coeur du mode de vie d'une activiste de la basse. Bien que Keith Spicer était en ville, il choisit plutôt de rencontrer des hommes d'affaires, dont l'un est directement associé à Uniroyal Chemical d'Elmira – industrie polluante que Susan choisi gracieusement de ne pas nommer au cour de son plaidoyer passionné au nom du citoyen «ordinaire» ...*

Henrietta, a cormorant deformed from toxic contamination.
Photo from Great Lakes United

Polluted beach at Sarnia, Ontario
Photo courtesy of Pollution Probe

Editor's Note

*The Turnaround Decade Group is fortunate to have **JOHN JACKSON** as a Board Member. He also chairs the Ontario Environment Network, is coordinator of both the Ontario Toxic Waste Research Coalition and the Citizen's Network on Waste Management, and President of Great Lakes United, the Canada-U.S. Coalition to protect the largest body of fresh water in the world.*

*Last year, in a feature article "Gentle Giant", environmental journalist, Ian Kirkby, wrote: "Lending his expertise to community groups in exchange for travel expenses and a homecooked meal, **John Jackson** has earned a reputation as one of this country's premier environmental movers and shakers. A nurturer of grassroots opposition to environmentally hazardous policies, John's methods of involving citizens leaves them empowered with a*

Courtesy Langer Studios, Waterloo

sense of the value of their contributions. Preserving the farmland and rural communities is Jackson's primary motivation for working 15-hour days and living somewhat like an itinerant environmental preacher. His lifestyle might even suggest he has sacrificed himself for the cause. He laughs at that. "I'm not deprived in any way. In fact, I look at other people who have lots of money and think they're the ones who are deprived. I see the tensions they have. I hear them complaining about problems at work, struggling up the hierarchy at the office." He has a gleam in his eye. "I don't have that stuff." Here's Gentle John ...

Water is the lifeblood, heart and soul of our country. It is the most essential essence of life for humans, animals and plants. It has provided the passageways that have carried us into the heart of this great continent, on which we and the generations and people before us have travelled. It is the inspiration whose ceaseless motion, whose sparkling diamonds, whose sounds of gentle lapping and ominous raging always move us.

We have changed those waters.

Water has become the great transporter of chemical poisons. The health of many of the fish, wildlife and humans who depend on it for food is now threatened. Fish in the waters develop cancerous growths. Mink and eagles are no longer found near the shores of Lake Ontario because the chemicals that have built up in their bodies make it impossible for them to reproduce. Baby trout swim upside down because their nervous systems have been deformed by chemicals.

Humans are also being hurt by these chemicals that quietly pervade so many of the waters in Canada. Cancers have increased. Our immune systems have been weakened, making us more susceptible to disease. Reproductive problems have been linked to chemical contamination problems. Recent scientific studies show that the intelligence of future generations may decrease because of the toxic chemicals saturating our bodies.

We have turned many of the great water passageways of Canada into barriers by building dams on them. Hydro power projects have flooded huge areas of land and destroyed ways of life for the animals and peoples who once inhabited that land. In addition, these dams have created great reservoirs that have become accumulators of poisons such as mercury.

Water has changed from a symbol of life, of service and of inspiration to one of fear and death. We must not let the waters of Canada become a toxic legacy that we pass on to our children, grandchildren and all the generations that follow.

Action to protect our waters

People all across this land are devoting their energies, time and money to mount actions to protect Canada's precious waters. They have formed citizen's groups who work unceasingly to close down and clean up leaking dumps, to stop the spraying of pesticides, to stop industry from spewing ever more chemicals into the environment, to have leaking underground tanks dug up, to protect our rapidly dwindling wetlands, to keep and restore the streams and lakes of this land to their natural condition.

These people have come to an understanding of the fundamental changes needed to restore and protect our waters. We must ban the most toxic chemicals. We must stop using many hazardous chemicals in our factories, homes and farms. We must adjust ourselves to nature so we live with it instead of clearing it out of our way with bulldozers.

This active public has come to realize that we can no longer just tinker with the system. We must make some fundamental changes in the way we make decisions. We must change our values.

We must challenge our society's belief in growth as the greatest good. We must move from the belief in competition as the best mechanism for societal progress to societies based on cooperation – and that means global cooperation. We must drop our unquestioning faith that there will be an engineering solution to every problem that arises. We cannot assume that there will always be more, always some other source of fresh, uncontaminated water that we can draw upon. We must learn to live with nature rather than trying to dominate it.

The citizen's groups that have arisen in almost every community are inspiring evidence of what Canadians can do if we work together. These grassroots groups are bringing the wisdom, the passion and the determination that I am confident will bring about the changes in values that will make us become gentle, fulfilled inhabitants of this exquisite land.

Unfortunately, most governments in this country are betraying this massive active public. Instead of working with us, they are frequently barriers to instituting the changes needed. Some of the public are still trying to break down the ramparts with which governments have surrounded themselves and are asking governments to join us. Many other people have given up on government's ability to help us find solutions to our environmental problems. These people are turning their backs on government.

Governments in Canada must now decide whether they will join the citizen's groups across this country and work with us to protect this remarkable land. If governments remain as barriers to the solutions to our problems, they will become ever more irrelevant in the development of this country.

Environment

U.S.-Canada study of lakes urges ban on 70 chemicals

By Bob Burtt
Record staff

As many as 70 toxic chemicals should be banned immediately to protect the health of humans and wildlife in the Great Lakes basin, says a bi-national report to be released in Chicago and Toronto today.

The report, A Prescription For Healthy Great Lakes, is the result of three years' work by the National Wildlife Federation in the United States and the Canadian Institute for Environmental Law and Policy.

The National Wildlife Federation, with a membership of five million, is the largest citizen's organization in the United States promoting the wise use of natural resources. It operates a Great Lakes Centre dedicated a program of advocacy, litigation and scientific research.

The Canadian Institute for Environmental Law and Policy is an independent non-profit research institute based in Toronto.

John Jackson of Kitchener, one of the report's four co-authors, said in an interview Monday that banning up to 70 dangerous chemicals immediately would be the first step in returning the lakes to good health.

Decades of weak government restrictions have failed to cleanse the lakes, he added.

The report provides detailed recommendations and calls on government and industry to develop plans for reducing toxins.

"In some cases that will mean companies using technologies that already exist and in others it will force them to find new ways of doing things," he said, adding that history has shown that industry won't wean itself off toxic chemicals until forced to find an alternative.

The first group of toxics to be banned would be those which tend to accumulate in nature and they include such toxics as PCBs (already banned), dioxins, heptachlor, benzo(a)pyrene, pentachoropheno, fluorene, diazinon and captan.

The plan calls for a cutback in the use of persistent toxic chemicals by homeowners and farmers as well.

Even where there are guidelines about what industry can discharge now, the allowable levels are so high that it is ludicrous, Jackson said.

Researchers working on the report did a study to determine how low concentrations would have to be before they could be considered safe for animals.

In many instances, existing guidelines particularly in Ontario and New York State, are 1,000 times higher than was determined as a safe level. "Existing standards are so far out of whack that it is ludicrous. There's no way Ontario laws will protect the health of wildlife and people in the province," Jackson said.

"Obviously we can't ban all bad chemicals immediately," he said, noting that the report called for some to be phased out after the original group is banned.

Government programs to control toxic chemicals in the lakes have failed partly because governments concentrated on trying to find ways to treat the chemicals instead of reducing their use.

But even if all discharges of chemicals to the lakes were stopped today, the lakes would still be polluted.

"It will take 30 years for the Great Lakes to cleanse themselves of the toxics already in the system, even if we totally cut off all sources by the year 2000."

"This is the price we must pay for not fully understanding the sensitivity of the Great Lakes and their inhabitants to toxic chemicals. It is the price we must pay for not acting decisively when we began to understand."

"In effect, the Great Lakes are giant sinks with a stopper in the drain. Toxic substances dumped into them do not quickly flush away."

And because chemicals in the Lakes such as DDT, dieldrin, PCBs and hexachorobenzene build up in the bodies of birds and wildlife, the concentrations are sometimes millions of times greater in birds and wildlife than in the water.

Contaminants found in the Great Lakes have long been known to affect the health of widife and interfere with different species' ability to reproduce. More recent studies suggest the same is true of humans.

A landmark series of studies provides disturbing evidence that toxic chemicals in Lake Michigan fish has impaired the learning abilities of hundreds if not thousands of children.

Studies of women who ate Lake Michigan fish found that their babies weighed less, had smaller heads and were born earlier than a control group of infants born to women from the same communities who did not eat the fish

PAUL MULDOON *is a colleague of John Jackson on the Board of Great Lakes United, and a co-author with him of "A Prescription for Healthy Great Lakes." He is also the Research Director of Pollution Probe and Project Director at the Canadian Institute for Environmental Law and Policy. Here are some of his thoughts on the legal minefield that must be braved by the Canadian citizen seeking relief from polluters....*

"I wish I could sue the bastards, but I can't!" More than an emotional outcry, the sentiment represents a legal reality. With increasing frequency, pollution victims, public interest groups and concerned individuals are trying to resort to courts and administrative tribunals to stop industry and government from degrading the Canadian environment. They are finding, however, that a number of obstacles leave them sitting on the courthouse steps, rather than in the courtroom. Even outside the courtroom all too often environmentalists find themselves sitting in the waiting room rather than in the meeting room, where bureaucrats and industry have free rein to negotiate Canada's environmental quality.

In most of Canada, courts usually restrict the right to use the courts to those people who are seeking to protect their personal interests, especially their property or commercial interests. When an entire community suffers similarly from pollution, individuals do not have the right to bring a public nuisance action in civil courts. In legal terms, the individual lacks "standing" to sue – neither individuals nor a group can go to court to defend the environment for its own sake...neither the problem nor the solution is new. The problem is that members of the public are often impeded from using the courts to protect the air they breathe, the water they drink or the land that sustains them, and from participating in the decision-making process that directly affects human and environmental health. One remedy is to entrench a constitutionally guaranteed right to environmental quality ... The next best solution would be the enactment of an Environmental Bill of Rights by the Federal Parliament and the provincial legislatures.

An Environmental Bill of Rights is first and foremost a statutory guarantee (as opposed to a constitutional one) of the *right of each person to a healthy environment and the duty of government to ensure this healthy environment in their role as the trustees of all public lands, waters and resources for the benefit of present and future generations.*

To make this declaration meaningful, an Environmental Bill of Rights would vest each person with two substantive legal rights:
– the right to sue in civil courts concerning an activity that is causing significant environmental damage, without having to show personal harm:
– the right to participate in environmental decision-making processes.

(FULL TEXT available on request from ALTERNATIVES Magazine, University of Waterloo).

Editor's Note

For several years **LUC GAGNON** was vice-president of the Quebec Union for the Conservation of Nature, and we worked on some environmental projects together. In 1985 he ran for the leadership of the Parti Québecois as an ecological candidate, for the same reason that the Turnaround Decade Group has entered into the 1991 debate on the future of Canada ... because it provides a rare opportunity to advance the cause of ecology, in public opinion and in the political arena. **Luc Gagnon** dispels the notion that "greens" and ecologists are "bird-buffs", totally removed from the realities of society and the economy. His background is in computer science, urban planning, administration, economic policy and ecology. His proposals are not doctrinaire or utopian, but universal and moderate, balanced on the point where science, ecology and environmentalism intersect. As those who read this book will discover, his concepts are realistic and important, and deal with employment, the economy, energy and the use of local resources, pollution and the improvement of public transportation, forestry and industrial conversion. These are concepts from his book "Ecology: the Missing Link in Politics", first published in 1985. So **Luc Gagnon** is, therefore, a real futurist, for what he wrote then is even more true today. Although he writes about an ecological Quebec, what he proposes can just as easily be applied to all of Canada. Here, then, is our Quebec friend, **Luc Gagnon** and ...

Managing Toxic Products

According to the Societe Pour Vaincre La Pollution (SVP), "There are approximately, 3500 plants and factories which produce industrial by-products containing toxic substances. Industrial activity in Quebec generates an annual 800,000 to 1,000,000 tonnes of waste. Some factories own their own waste "parks", and others dispose of their waste in private disposal sites. But the majority of factories discharge their residue directly into Quebec's waterways."

Of 600 disposal sites surveyed, at least 100 pose a very serious threat to public health and the environment.

We must, therefore, not only repair the damage already done, but at the same time, completely change our methods of managing toxic waste, as follows:

1) The Polluter's Responsibility

   We must adopt regulations which assign responsibility to companies for damage caused to the environment or to health by their toxic waste. Such regulations would oblige companies to take out insurance to cover reparation of damage caused by their bad management or by environmental accidents. Furthermore, Quebec must put pressure on the federal government to criminalize all illegal or clandestine disposal, dumping or landfilling of dangerous products.

2) $250,000,000 "SuperFund" to Make Reparation for Damages

   Establish a toxic waste site rehabilitation fund for Quebec, in the minimum amount of 250 million. It would be financed by a special value-added tax on production, for each factory or company in those sectors (chemical or mining) producing industrial waste. The 250 million fund, accumulated over a five-year period, represents only one half of one percent (0.5%) of Quebec's industrial production value.

3) New Approaches to Managing Toxic Waste

A medium-range toxic management strategy must be based on permanent solutions. There are several ways to go and Quebec must, by fiscal incentives, by regulation, or by the use of a "Superfund", back these initiatives:
- changes in industrial processes to reduce dependance on toxic substances
- research into less toxic substitutes
- recycling of toxic residues back into the manufacturing process
- when these methods are not applicable, neutralize and solidify toxics for disposal in appropriate landfill sites - i.e. ones which are supervised, where the danger of contamination can be contained.

There are positive ways to encourage such alternatives with, for example, special tax exemptions for companies agreeing to recycle all toxic waste.Regarding the transportation of hazardous waste, Companies must be urged to recycle or neutralize toxic residues in-house. This would cut down dramatically on the risk of transporting hazardous waste.

4) Public Health

To protect public health, it is also necessary to establish:
- a vigorous program to inform fishermen of the dangers of toxic contamination
- constant monitoring of toxic levels in drinking water, with the result made public on a regular basis.

Toxic Dump in Southern Ontario
Photo courtesy of Probe Post

Note de l'Editeur
*Le Groupe de la Décennie du Grand Virage est heureux de compter **JOHN JACKSON** comme membre de son Conseil d'administration. John est président de l'Ontario Environment Network (le réseau ontarien sur l'environnement), est également coordonnateur des groupes Ontario Toxic Waste Research Coalition (la coalition ontarienne sur la recherche des déchets toxiques) et du Citizen's Network on Waste Management (le réseau des citoyens sur la gestion des déchets), et président de Great Lakes United, la coalition Canada-E.-U. pour protéger la plus grande nappe d'eau fraiche au monde.*

*L'an dernier, sous la rubrique «Gentle Giant» (le géant doux), Ian Kirby, journaliste environnemental, écrivait: «prêtant son expertise aux groupes communautaires en échange pour ses frais de déplacement et un repas-maison, **John Jackson** s'est mérité la réputation d'être un des apôtres les plus dynamiques de l'environnement au pays.*

*Fidèle à la position prise par les groupes de base quant aux politiques détrimentales à l'environnement, ses façons d'impliquer les citoyens donnent à ceux-ci l'immense satisfaction d'avoir contribué à la cause commune. La préservation des fermes et des communautés rurales constituent l'inspiration dominante que permet à **John Jackson** de travailler quinze heures par jour et de vivre tel un missionnaire de l'environnement. Sa façon de vivre va jusqu'à suggérer qu'il s'est complètement sacrifié pour la cause. Cela le fait sourire. «Je ne suis aucunement dépourvu de quoi que ce soit. En fait, je regarde les gens qui ont beaucoup d'argent et je crois que ce sont eux qui manquent de quelque chose. Je constate leur stress. Je les écoute se lamenter de leurs problèmes de travail, pris comme il sont par la hiérarchie bureaucratique.» Ses yeux scintillent. «Moi, je n'ai pas à vivre ces choses-là.» Voici John ... «le doux».*

L'eau est l'élément vital, le coeur et l'âme de notre pays. C'est l'essence le plus essentiel de la vie pour les êtres humains, les animaux, et les plantes. L'eau a fourni les chemins qui nous ont acheminés vers le coeur de ce grand continent, sur lesquels nous et nos ancêtres ont voyagé. L'eau est une inspiration dont le mouvement incessant, dont les diamants étincelants, dont le léger clapotis et le déchaînement menaçant nous font toujours vibrer.

Nous avons changé ces eaux.

L'eau est devenue un grand transporteur de poisons chimiques. La santé de plusieurs des poissons, de la vie sauvage et des êtres humains qui en dépendent est maintenant menacée. Les poisons développent des cancers. Les visons et les aigles ont disparu des rivages du lac Ontario parce que l'accumulation de produits chimiques dans leurs corps a rendu impossible la reproduction. Les bébés truites nagent a l'envers parce que leurs systèmes nerveux ont été déformés par les produits chimiques.

Les êtres humains sont aussi affectés par ces produits chimiques qui se sont tranquillement répandus dans tant d'eaux au Canada. Les taux de cancer ont augmentés. Nos systèmes immunitaires ont été affaiblis, nous rendant plus susceptibles à la maladie. Des problèmes de reproduction ont été associé à la contamination chimique. Des études scientifiques ont démontré que l'intelligence des générations futures pourrait diminuer parce que les toxines chimiques saturent nos corps.

Nous avons transformé plusieurs des cours d'eau du Canada en barrières en y construisant des barrages. Les projets hydroélectriques ont inondé de grandes surfaces et détruisent la façon de vivre des animaux et des gens qui y habitaient.

En plus, ces barrages ont créé de grands réservoirs qui sont devenus des accumulateurs de poisons tel le mercure.

L'eau a changé, de symbole de vie, de service, et d'inspiration à un symbole de peur et de mort. Nous ne devons pas laisser les eaux du Canada devenir l'héritage toxique que nous léguerons à nos enfants, petits-enfants, et à toutes les générations qui suivront.

Action Pour Proteger Nos Eaux

Il y a des gens un peu partout dans ce pays qui consacrent leur énergie, leur temps, et leur argent pour monter une bataille dans le but de protéger les précieuses eaux canadiennes. Il ont formé des groupes de citoyens qui travaillent sans cesse à faire fermer et à faire nettoyer les dépotoirs qui fuient, à arrêter l'épandage de pesticides,à arrêter les industries de vomir encore plus des produits chimiques dans l'environnement, à déterrer les fosses septiques qui fuient, à protéger nos marécages qui décroissent rapidement, à garder et à restorer nos cours d'eau et nos lacs dans leurs conditions naturelles.

Ces personnes sont arrivées à comprendre les changements fondamentales requis pour restorer et protéger nos eaux. Nous devons bannir les toxines chimiques. Nous devons arrêter l'utilisation de plusieurs produits chimiques dangeureux dans nos usines, nos maisons, et nos fermes. Nous devons nous ajuster nous-mêmes de sorte que nous vivrons avec cela au lieu de s'en débarrasser avec des bulldozers.

Ce public actif a réalisé que nous ne pouvons plus tricher avec le système. Nous devons faire des changements fondamentales dans la façon dont nous prenons nos décisions. Nous devons changer nos valeurs.

Nous devons défier la croyance de notre société qui dit qu la croissance est le plus grand bien. Nous devons changer la croyance qui dit que la compétition est le meilleur mécanisme pour le progrès de la société, pour une société basée sur la coopération, et cela veut dire coopération entière. Nous devons laisser tomber notre foi incontestable qu'il y aura une solution d'ingénierie pour tout les problèmes qui surgiront. Nous ne pouvons pas supposer qu'il y aura toujours plus, toujours d'autres sources d'eau fraîche non-contaminée que nous pourrons utiliser. Nous devons apprendre à vivre avec la nature plutôt qu'essayer de la dominer.

Les groupes de citoyens qui ont émergé dans presque chaque communauté sont une évidence inspirante de ce à quoi les canadiens peuvent faire quand ils travaillent ensemble. Ces groupements populaires apportent la sagesse, la passion, et la détermination; lesquelles, j'ai confiance, apporterons les changements de valeurs qui nous rendrons de gentils et satisfaits habitants de cette terre exquise.

Malheureusement, le plupart des gouvernements dans ce pays trahissent cet immense public actif. Au lieu de travailler avec nous, ils sont fréquemment des barrières à l'institution des changements requis. Une partie du public est encore occupée à essayer de briser les remparts avec lesquels les gouvernements se sont encerclés, et demande aux gouvernements de nous joindre.

Plusieurs autres personnes ont abandonné l'idée que le gouvernement a l'habilité de nous aider à trouver des solutions à nos problèmes environnementaux. Ces personnes tournent maintenant le dos au gouvernement.

Les gouvernements au Canada doivent maintenant décider s'ils vont joindre les groupes de citoyens à travers ce pays et travailler avec nous à protéger cette terre remarquable. Si les gouvernements demeurent des barrières aux solutions à nos problèmes, il deviendront encore plus hors de propos dans le développement de ce pays.

Poissons morts à cause de la contamination toxique, Ashtabula River, Ohio
Photo: grâce à Great Lakes United.

Note de l'Editeur

PAUL MULDOON est collègue de John Jackson au Conseil d'administration de Great Lakes United. Il est également directeur de la recherche de Pollution Probe et directeur de projet à l'Institut canadien des lois et politiques environnementales. Voici quelques-unes de ses idées sur le méli-mélo juridique devant lequel se trouve le citoyen canadien voulant intervenir au niveau des pollueurs ...

«J'aimerais pouvoir les poursuivre, ces salauds, mais je n'y peux rien!» Bien plus qu'un cri émotif ... ce sentiment représente une réalité juridique. Avec une fréquence à la hausse, les victimes de pollution, les groupes d'intérêt public et les individus intéressés à la cause tentent d'avoir recours aux cours et aux tribunaux administratifs afin d'arrêter la dégradation de l'environnement canadien par l'industrie et les autorités. Ils s'aperçoivent cependant que certains obstacles les obligent à se retrouver assis sur les perrons de la cour plutôt que dans la salle des audiences, où les bureaucrates et l'industrie restent libres de pouvoir décider de la qualité de l'environnement canadien.

Dans la plupart des juridictions du Canada, les tribunaux restreignent généralement leur accès à ceux qui cherchent à défendre leurs intérêts personnels, surtout en ce qui a trait aux intérêts relatifs à la propriété ou au commerce. Lorsqu'une communauté entière subit un cas de pollution, il n'est pas possible pour les individus d'intenter un procès devant les tribunaux civils pour raison de nuisance publique. Au juridique, l'individu n'a pas la capacité d'intenter un procès - il est donc impossible tant pour les individus que pour un groupe d'individus de se rendre devant les tribunaux pour défendre l'environnement comme tel ... pourtant, le problème de même que ses solutions sont bien connus. Le problème, c'est que le public ne peut se prévaloir des tribunaux pour protéger l'air qu'il respire, l'eau qu'il boit ou la terre de laquelle dépend sa subsistance; il ne peut non plus participer au processus de prise de décisions dont l'état de la santé humaine et environnementale est la conséquence directe. Un des remèdes serait d'enchâsser dans la constitution un droit immuable à la qualité de vie ... Le second choix serait un charte des droits de l'environnement, qui pourrait être adopté par les parlements fédéral et provinciaux.

Une charte des droits de l'environnement aurait d'abord et avant tout un caractère de garantie statutaire (au lieu d'une garantie constitutionnelle), *reconnaissant le droit de tout personne de pouvoir jouir d'un environnement sain. Cette charte rendrait le gouvernement responsable de la réalisation de cet environnement sain, en tant que fiduciaire, au nom des générations, présentes et futures, de toutes les terres, cours d'eaux et autres ressources du domaine public.*

Afin que cette déclaration soit lourde de sens, une charte des droits de l'environnement devrait consacrer deux droits juridiques importants à chaque citoyen:

- le droit de poursuive devant les tribunaux pour ce qui est de toute activité causant des dommages significatifs à l'environnement, sans avoir à prouver des préjudices personnels;
- le droit de participer aux processus de prise de décisions ayant trait à l'environnement ...

(Le texte complet – en anglais – peut être obtenu de la revue «Alternatives» à l'Université de Waterloo)

Note de l'Editeur

Pendant plusieurs années, **LUC GAGNON** était le vice-président de l'Union Québécoise pour la Conservation de la Nature, et nous avons collaboré à quelque projets environnementales. En 1985 il participait à la course au leadership du parti Québécois, en tant que candidat écologiste, et tout comme le Groupe de la Décennie du Grand Virage participe en 1991 au débat sur l'avenir du Canada ... de ne pas rater l'occasion de faire avancer la cause de l'écologie dans l'opinion publique et dans l'arène politique. Luc Gagnon fait disparaître l'idée que les «verts» et les écologistes sont des «oiseaulogues», totalement déconnectés de la realité sociale et économique. D'une formation en informatique, en urbanisme, en administration, en économie politique et en écologie, l'approche que défend Luc n'est pas dogmatique ou utopiste, mais plutôt oecuménique et moderée, au confluent de l'écologie scientifique, de l'écologisme et de l'environnementalisme. Comme pourront le constater les lecteurs au cours des pages qui suivent, ses perspectives sont réalistes et serieuses, et s'adressent à l'emploi, l'économie, l'energie et l'utilisation des ressources locales, à la pollution, l'amélioration du transport en commun, la forêt, la reconversion industrielle. Les perspectives semblables se trouvent dans son livre «L'Ecologie: Le Chaînon Manquant de la Politique», publié en 1985. **Luc Gagnon** est, donc, un vrai futuriste puis que ses idées sont applicables aujourd'hui plus que jamais. Bienqu'il écrive d'un Québéc écologique, ce qu'il propose pourrait être facilement suivi par le reste du Canada. Voici, alors, notre ami Québécois, **Luc Gagnon** et ...

La gestion des produits toxiques

Selon la Société pour vaincre la pollution (S.V.P.),

«il y a environ 300 manufactures et usines qui produisent des déchets industriels contenant des substances toxiques. Ces activités industrielles, au Québec, génèrent annuellement 800 000 à 1 000 000 de tonnes de déchets. Certaines usines possèdent leurs propres «parcs» à déchets et d'autres déposent leurs déchets dans des sites d'enfouissement privés. La majorité des industries déversent leurs résidus directement dans les cours d'eau du Québec.»

Des 600 sites d'enfouissement inventoriés, au moins 100 menacent l'environnement et la santé de manière très inquietante.

Il faut donc, simultanément, réparer les dégats faits et changer complètement la gestion des déchets toxiques.

1) La responsabilité du pollueur

Dans un premier temps, il faut adopter un règlement de façon à responsabiliser les compagnies pour les dommages causés à l'environnement ou à la santé par leurs rejets toxiques. Ce règlement devra obliger les compagnies à avoir des assurances qui couvriraient les coûts de restauration occasionnés par leur mauvaise gestion ou les accidents environnementaux.

De plus, le Québec doit faire des pressions auprès du gouvernement fédéral pour que soit criminalisé tout rejet, déversement ou enfouissement illégal ou clandestin de produits dangereux.

2) Pour réparer les dégats, un «Super Fund» de $250 millions

Afin de régler le problème des sites d'enfouissement de déchets toxiques, je fais la proposition suivante qui s'inspire d'une revendication de la S.V.P.:

Un fonds de restauration des sites de déchets toxiques du Québec d'un minimum de $250 millions sera créé. Ce fonds sera constitué à partir d'une taxe spéciale sur la valeur ajoutée de production, pour chaque usine ou conpagnie appartenant aux secteurs produisant des déchets industriels (chimiques ou miniers). Les $250 mllions du fonds seront accumulés sur une période de cinq ans et représent seulement un demi de un pourcent (0,5%) de la valeur de la production industrielle du Québec.

3) Une nouvelle façon de gérer nos déchets toxiques

Une stratégie à moyen terme de gestion des toxiques devra être axée sur des solutions permanentes. Plusieurs alternatives existent et il faudra que le Québec, autant par des incitations fiscales, par la réglementation ou l'utilisation du «Superfund», favorise ces alternatives:

- changements de procédés industriels pour réduire l'utilisation de produits toxiques;
- recherche de substituts moins toxiques;
- recyclage des résidus toxiques pour les réintégrer dans le processus industriel;
- lorsque les solutions précédentes ne sont pas applicables, neutralisation et solidification des déchets et enfouissement dans des sites appropriés (c'est-a-dire dans des sites surveillés, où il est possible d'intervenir s'il y a menace de contamination)

Ces alternatives pourraient être encouragées de façon positive, par exemple, en exemptant de la taxe spéciale une compagnie qui accepterait de recycler entièrement ses rejets.

4) Santé publique

Deux mesures additionnelles sont nécessaires pour protéger la santé de la population:

- un programme d'information plus agressif doit être mis en place pour que les pêcheurs connaissent mieux les risques d'intoxication;
- un inventaire continuel de la qualité toxicologique de l'eau potable doit être maintenu et diffusé fréquemment dans la population

Photo avec permission de Probe Post

48

L'environnement, partie de notre avenir

par Gilbert NORMAND

Dans une région comme la nôtre, recouverte en grande partie de forêt, parsemée de lacs et de rivières, située en bordure d'un majestueux fleuve et profitant d'une plaine agricole fertile, sans agglomération urbaine importante où se cotoyent des millions d'habitants, ni trop d'industries majeures dont les rejets ou émanations sont dangereux et polluants, nous pourrions penser vivre dans un milieu enchanteur propice à une qualité de vie supérieure à beaucoup d'autres régions du Québec.

Mais hélas! sans vouloir être alarmiste, j'aurais envie de dire qu'il y a menace et péril en la demeure.

Les rivières Etchemins, Chaudière et du Sud font maintenant partie des rivères les plus polluées au Québec; le fleuve offre aux baigneurs et plaisanciers une eau douteause contenant les rejets des effluents, les eaux usées municipales lorsque ce no sont pas les déversements de pétrole au quai d'Ultramar.

Rejet de plomb, dépôt de produits toxiques, engrais chimiques, pesticides, rejets d'élevage tels les lisiers et le purin font malheureusement la manchette des journaux dans la région Chaudière-Appalaches!

Les boues de fosses septiques, les eaux usées, les ordures ménagères de nos petites ou grandes municipaliés causent de graves maux de tête aux élus en ne sachant pas où et comment en disposer.

Heureusement, des initiatives sont entreprises telles que l'agriculture biologique avec les diverses techniques de compostage mises au point par l'ITA de La Pocatière et les techniques de traitement du purin et de lisier de Varisco. La préoccupation de certaines MRC telles que la Nouvelle-Beauce et l'Islet en matière de traitement des boues de fosses septiques de même que pour l'entreposage dans la MRC de Beauce-Sartigan.

Nous assistons de plus en plus à la naissance de groupes de citoyens désireux de s'impliquer afin de redonner vie à certains milieux affectes par la pollution tels que le groupe de préservation de la rivière du Sud.

Il faut mentionner le travail effectué par Récupération Via de Lévis, Récupération Frontenac dans la MRC de l'Amiante et par Récupération Côte-du-Sud dans les MRC de Montmagny et de l'Islet de même que l'intérêt et les actions des territoires des MRC de Lotbinière et de Bellechasse dans la récupération.

Ces quelques gestes et actions permettent un certain espoir avant que nous nous détruisions nous-mêmes par nos comportements. Mais, est-ce suffisant?

Il nous faut agir avec civilité et de façon concertée en établissant un consensus général sur ce que nous voulons et souhaitons comme avenir. L'enjeu et trop important pour le laisser uniquement entre les mains de politiciens, fonctionnaires ou quelques penseurs bien intentionnés.

Il nous faut agir en concertation avec les intervennants impliqués dans le milieu de l'éducation, la santé, l'industrie, la forêt, l'agriculture, des mines et du municipal afin d'obtenir une synergie qui seule, permettra l'atteinte de résultats valables et durables.

De plus, nous devons exiger que nos élus tant au niveau municipal, provincial et fédéral prennent leurs responsabilités en évitant une vision à court terme de quatre ans qui ne visent que leur réélection.

Ce que nous devons revendiquer et mettre en application ce sont des actions concrètes pour que notre environnement fasse partie de notre avenir dans notre région.

M. Normand est maire de Montmagny et président du Conseil régional de concertation et de développement Chaudière-Appalaches.

«Extrait de Le Soleil, le 27 avril, 1991»

Pollution on the St. Lawrence River
Photo by T. Szlukovenyi with permission of the Globe & Mail

When answering these questions please use the pages provided at the end of the book.)

(En répondant à ces questions, utiliser s'il vous plait les pages à la fin du livre.)

Question 2

A) "The pollution of our water and food supplies by chemical and other contaminants has been greatly exaggerated by environmentalists" Is your reaction to this statement:

A) «La contamination chimique de nos eaux et de notre nourriture a été très exagérée par les environnementalistes.» Comment réagissez-vous à cette observation:

☐ Strong Agreement

☐ Agreement

☐ Disagreement

☐ Strong Disagreement

☐ Not Sure

☐ Other

☐ Très d'accord

☐ D'accord

☐ Pas d'accord

☐ Pas du tout d'accord

☐ Pas sûr

☐ Autre

B) What in your opinion are some of the obstacles to achieving a dramatic reduction of pollution in our environment (specify):

B) D'après vous, quels sont les obstacles à la dépollution de l'environnement (spécifiez):

C) What actions are you willing to take to reduce pollution in your community?

C) Quelles actions seriez vous prêt à prendre pour réduire la pollution, dans votre communauté?

Effluent from Kimberley-Clark Pulp Mill, N. Shore Lake Superior
Photo courtesy of Great Lakes United

In January, 1990, our special forestry advisor, **COLLEEN McCRORY**, won the Equinox Environmental Achievement Award for her work with the Valhalla Society which she founded in 1972 to protect the parkland and wilderness around New Denver, B.C. In 1985 the area was declared a Class A Provincial Park, meaning that no logging or mining would be permitted in Valhalla Park. In the process, Colleen's small clothing store was boycotted, hate campaigns were organized against her by forestry and mining interests, her family and friends were threatened, she went bankrupt and is only now coming out of debt. Her daughter, Rory, says she and her two brothers are very proud of their Mom, "who always clothed us

and had food on the table, I don't know how. She didn't shelter us from what was happening, but she didn't dwell on the struggle and sacrifices, either. Her attitude has always been not what you lose but what has been gained" ... not only in Valhalla Park but South Moresby Island, too, for which she campaigned with Elizabeth May. Rory says "She was meant to do this. It;s her life's work". Here with a chilling view of Canada's forests, coast to coast, is the embodiment of "Spirit of the Wolf" – the remarkable and courageous, **Colleen McCrory**.

Canada's vast northern Boreal forest is North America's largest remaining untouched forest, almost equal in size to the tropical rainforest of Brazil. The Boreal is the continuous forest ecosystem of trees and water that stretches across the northern provinces of the nation, acting like a sponge for many of Canada's great rivers – the MacKenzie, the Athabasca, the Peace.

Today the Boreal faces a full scale assault by multinational industrial corporations. From Newfoundland to British Columbia, without public debate, without environmental hearings and without serious study, Canada's forests are being carved up and turned to pulp to serve 13.2 BILLION DOLLARS worth of new pulp mill expansions and development.

This huge giveaway will destroy whole ecosystems. From province to province, massive clearcuts will intrude on rural communities and wildlife habitat. Thousands of new road systems will bring the devastation of clear-cut logging to the doorstep of isolated native communities. Dioxins, furans and other industrial chemicals will pollute the MacKenzie right to the Arctic Ocean.

As the Federal Government talks about sustainable development, the Environment and Brundtland Report, behind closed doors they are bargaining away our forests and waterways. To induce industry to invest in forest management, long term licence and tenure agreements with multinationals are converting most of our productive forests from public to corporate ownership for the next forty years.

In THE GIVEAWAY OF OUR NATIONAL FORESTS, Greenpeace has this report:

(courtesy of The Globe and Mail)

A PROVINCE BY PROVINCE SNAPSHOT

British Columbia Two companies, Fletcher-Challenge of New Zealand and MacMillan Bloedel, control the rights to cut more than 15 million cubic metres of wood or 21% of the annual allowable cut in Tree Farm Licenses and Timber Supply Areas. The pulpwood agreement, previously used as a reserve source of fibre when a supply of chips or logging residuals was not available, is increasingly seen by pulpmills as a primary source of fibre. British Columbia is already overcutting its forests by 30%. The pulpwood agreements, and several new mill proposals, represent a potential further 15% increase in the annual allowable cut and an expansion of the industry into new areas.

Alberta In the current forest giveaway, the total area proposed for inclusion in forest management is 221,000 kilometres of the northern boreal forest, an area three times larger than New Brunswick. The haste, secrecy and scale of the Alberta proposals defies the imagination. *(Note: I would add that two Japanese companies Daishowa and Mitsobishi-Honshu's Alberta Pacific Pulp Mills combined logging rights will allow the companies to clearcut over 120,000 sq. km. of N. Alberta, about 1/3 the size of Japan. This huge area is the traditional land of the Bigstone Band and Lubicon).C.Mc.*

Saskatchewan An American firm, Weyerhauser, controls 23% of the province's annual allowable cut in a forest management licence which encompasses 5 million hectares. Two new major pulpwood expansions are underway – Millar Western's joint venture pulp mill with NorSask in the Meadow Lake area: and Nortek and Kruger's facility for Nipawin. When the allocations to these mills are fully utilized, they will double the provinces level of cut.

Manitoba Two Canadian companies, Repap and Abitibi, control 65% of the province's annual allowable cut. With the sale of the provincial crown corporation, Manfor, to Repap in 1989, the rights to cut 50% of the productive forest land in Manitoba were transferred to one corporation under a new forest management licence. Repap's proposed modernization and expansions of the pulp mill at The Pas would increase present production by 368% and consume 3,325,000 cubic metres of wood annually. As a result of public pressure, Repap's entire project is temporarily on hold pending an environmental review.

Ontario Since 1979, 28 forest management agreements have been signed. The forest industry now controls over 180,961 square km. or 70% of the licensed forest land. The five largest pulp and paper companies in Ontario have signed forest management agreements which give them almost exclusive control of 103,602 sq. km. of land, or 40% of the total area under licence. Meanwhile the provincial government slashed silvicultural expenditures by 50 million between 1986 and 1988 and fell far short of the target for tree planting. Eight years after the first forest management agreement was signed, an environmental assessment of timber management was finally undertaken. The hearings have been underway for two years with no end in sight.

Quebec In a province where virtually all the productive forest is committed to the industry, a series of new forest management agreements has been negotiated across the province with no public input or debate, despite their significant impact on the province's indigenous peoples and small woodlot owners. The current capacity of Quebec's forest industry requires levels of logging that are unsustainable.

New Brunswick Three large pulp and paper companies, J.D. Irving, Repap and Fraser, control 45% of the annual allocation from New Brunswick's public forests. Softwood in New Brunswick is being overcut by almost 1 million cubic metres per year. Company control is so tight that the public was blocked in court from gaining access to information on forest management practices on public lands.

Nova Scotia The three major pulp and paper corporations, Bowater, Scott and Stora, control almost 40% of the province's productive forest through long-term licences or corporate freehold. For the small woodlot owners, who own 52% of the provinces forest lands, the large corporations are often the only market for their wood. At the low prices set by the companies, less than half the woodlot owners choose to sell their "fibre" to the corporations, though few other options exist.

Prince Edward Island 94% of the province's forest is held in small private woodlots. In a province where 48% of the land base is productive forest, over two-thirds of the Island's lumber is imported. A transition to sustainable forest management would result in more jobs in the forest sector and less expensive lumber for the Island residents.

Newfoundland Two companies, Kruge and Abitibi-Price, control 65% of New foundland's productive forest. The majority of this land is held in 99-year leases, which expire between 1992 and 2037. Facing a crisis, due to a legacy of inadequate fores management, the province is proposing legislation which would turn the las remaining crown lands over to pulp and paper companies.

This kind of activity has been promoted by the provinces as policies that create jobs. The opposite is true:
- the new technologies are highly automated, not labour intensive
- Canada exports the pulp to other countries and with it the value-added jobs
- in many regions, because of overcutting, many forestry workers will be laid off

In short, logging companies will do what they have always done – take their profits, close down, leave town ... a story already well documented by Jamie Swift in "Cut and Run".

Canadians are aware of the Amazon rainforest issue. Now we must wake up to the crisis in Canada – "Amazon North". Industry is reacting to our calls for change by hiring the world's biggest Public Relations firm, Burson-Marsteller – the people employed to refurbish Union Carbide's image after the Bhopal disaster in which chemical gases killed 3,598 victims in India. Industry-funded organizations have formed in B.C. to divide workers, environmentalists and aboriginal peoples. While the companies continue to clearcut the forests, they accuse the environmental movement of Treason for working against them. Our communities are facing division and difficult times under these kinds of tactics which surely will not convince the public that companies are behaving responsibly in the forests of Canada. We must reach out and work together – environmentalists, workers, aboriginal peoples – to save the Boreal and protect the last remaining wilderness.

Last year a coalition was formed representing 1 million people, including grassroots, community, environment, church, labour and aboriginal organizations. Called Canada's Future Forest Alliance it has declared a state of emergency and calls on the federal and provincial governments to:
1) Halt all new pulp mill developments and expansions
2) implement a moratorium on the signing of new forest management agreements and tenures
3) Place an immediate cap on increases in the levels of provincial annual allowable cut.

I believe we can have justice for aboriginal people, negotiate land claims have healthy productive jobs in our communities and preserve wilderness for future generations. Join us.

Let's not leave the mess for our children.

Colleen McCrory

Sustainable Forestry

by Luc Gagnon

(text prepared with the help of Robert Kasisi)

In Quebec, forestry practices are primarily concentrated on wood harvesting, with very short-term profitability as the only goal. Such exploitation does not take into account the degradation of natural ecosystems or the forest's capacity to regenerate. This has had some disastrous consequences:

- mind-boggling cutting quotas, often exceeding 100% of the maximum capacity of the forest
- creation of conditions favouring certain diseases and parasites – spruce budworm is one example
- ever-widening use of pesticides, which are carried by wind and streams into the water systems of inhabited areas
- blind exploitation of resources, with no attention to the basic rules of sylviculture, resulting in the destruction of wildlife habitat
- lessening of native autonomy, which is based on a lifestyle dependent on the preservation of wildlife habitat

Responsible forestry management policy must take into account the *multi-faceted function* of the forest. Such a policy must balance profitable use of resources with the other benefits of the forest such as wildlife, recreation, biodiversity and employment (short and long term).

Looking at the forest as a renewable resource, it is vital to ensure its sustainability and biodiversity. These are some of the ways this might be achieved.

User Accountability

- Abolition of lump-sum contracts, which encourage abusive forestry practices.
- Making large companies accountable for the performance of their sub-contractors.

- Mandatory ecological courses for operators and workers in the forestry business.

Coordinating User Practices
- strict enforcement of standards and regulations (particularly the prohibition of cutting close to waterways)
- in general, the use of cutting methods favouring natural regeneration, protection of wildlife habitat and ecological balance (select cutting, by row, checkerboarding)
- to rectify past mistakes, step-up reforestation programs, short and long-term
- eliminate log-floating as a method of transportation
- encourage the practice of Sylviculture in private woodlots, especially in combination with agricultural activities
- ongoing campaign against acid rain, which diminishes the rate of forest growth: this campaign presupposes a dramatic reduction in emissions from the Noranda corporation which, ironically, is itself a major forestry enterprise.

Coordinating the Use of Wood By-products
- utilization of cutting waste (tops, branches)
- utilization of post-production excess material
- finding uses for small trees and underused species in cutting area
- reduce consumption with a system on site to reclaim and recycle paper and cardboard

Coordinating Pest Control
- a mandatory integrated control strategy for all use of pesticides
- priority given to logging in areas most susceptible to disease and pests
- prohibition of products or processes which endanger health, either directly or indirectly through the food chain (especially aerial spraying near settled areas).

Research and Consultation
- support for research specific to the problems of different regions
- as much public involvement as possible in the decision-making process on forestry practices.

Adam Zimmerman, Chairman of Noranda Forest Inc., receives the "Dirty Brown Globe" Award from Gordon Peoks of Greenpeace. Photo by E. Regan with permission of the Globe & Mail

En janvier 1990, notre conseillère Spéciale sur la forêt, **COLLEEN McCRORY**, se méritait le Prix Equinox pour son travail auprès de la Société Valhalla, fondée par elle-même en 1972 pour sauvegarder les parcs et les nautres dans la région de New Denver, C.-B. En 1985, ce territoire fut désigné parc provincial – Catégorie A, c'est-à-dire un territoire où dorénavant les opérations minières ou forestières ne sont pas permises.

En cours de route, sa petite boutique de vêtements est boycottée, sa famille est ses amis sont menacés, elle se trouve devant une faillite, et commence seulement aujourd'hui à remonter la côte et à effacer ses dettes. Sa fille Rory affirme qu'elle et ses deux frères sont très fiers de leur mère, «qui nous a toujours vétus et qui nous a toujours trouvé quelque chose à manger – je ne sais trop comment. Maman ne nous cachait pas de la vérité, mais en même temps elle ne se lamentait jamais sur sa lutte et ses sacrifices. Elle a toujours cru que l'important n'est pas ce que l'on peut perdre, mais plutôt ce qu'on peut faire avancer» ... non seulement au Parc Valhalla, mais également à l'Ile Morsby Sud, pour laquelle elle a fait campagne aux côtés de Elizabeth May. Selon Rory, «Maman a été faite pour faire ce boulot. C'est sa raison d'être.» Devant ce un tableau déprimant de nos forêts canadiennes, nous nous présentons celle qui exemplifie «l'Ame du loup» – l'extraordinaire et courageuse **Colleen McCrory**.

La vaste forêt boréale du Canada constitue la plus grande forêt vierge de l'Amérique du nord, presque l'égal de la forêt tropicale du Brésil. Il s'agit de l'éco-système d'arbres et d'eau qui s'étend à travers les provinces nordiques de la nation, agissant comme une éponge au niveau des grandes rivières du pays: la MacKenzie, l'Athabasca et la Paix.

Aujourd'hui, la forêt boréale fait face à l'assaut des corporations industrielles multinationales. De la Terre-Neuve à la Colombie Britannique, sans débat public, sans audiences environnementales et sans étude sérieuse, les forêts canadiennes sont dépiécées et converties en pâte afin d'alimenter l'expansion et le développe-ment de nouvelles papetières valant 13,2 milliards de dollars.

Des systèmes entiers sont détruits par cette énorme «vente aux enchères». De province en province, les coupes à blanc massives interfèrent avec des commu-nautés rurales et des habitats fauniques. Des milliers de kilomètres de systèmes routiers neufs amèneront la dévastation des coupes à blanc jusqu'aux portes des communautés autochtones. Les dioxines, les furanes, et d'autres produits chimiques de l'industrie pollueront la MacKenzie jusqu'à l'Océan Arctique.

Pendant qu'il parle de développement durable, de l'environnement et du rap-port Bruntland, le gouvernement fédéral vend nos forêts et nos réseaux aquatiques derrière ses portes fermées. Afin d'induire l'industrie à investir dans la gestion forestière, des ententes d'exploitation à long terme et des droits de coupe à long terme avec des corporations multinationales convertissent la plupart de nos forêts productrices de domaines publiques en réserves privées pour les quarante ans à venir.

Dans «ON CÈDE AU PLUS OFFRANT NOS FORÊTS CANADIENNES» Greenpeace rapporte:

CLICHES PROVINCE PAR PROVINCE

La Colombie-Brittanique Deux compagnies, la Fletcher-Challenge de la Nouvelle-Zélande et la MacMillan Bloedel, détiennent les droits de coupe de plus de 15 millions de mètres cubes de bois, ou 21 pour cent de la coupe annuelle permise, sous forme de permis de ferme arboricole et de domaines de fourniture de bois. L'accord sur le bois de pâte, préalablement utilisé en tant que «réserve de fibre» alors que copeaux ou des déchets forestiers n'étaient pas disponibles, devient, pour les usines de pâte et papier, source première de fibre. Les ententes de bois de pâte, et les propositions de nouvelles usines, représentent un potentiel d'augmentation de 15% de la coupe annuelle et une expansion de l'industrie dans de nouvelles régions.

L'Alberta Aux enchères actuelles, la superficie totale proposée pour «gestion» forestière est de 221,000 km de forêt boréale, soit d'une superficie trois fois la grandeur du Nouveau-Brunswick. Le rythme, la dissimulation et l'ampleur des propositions albertaines dépassent l'imagination. (*A noter que j'ajouterais que les deux compagnies japonaises Daishowa et Mitsubishi-Honshu Alberta Pacific détiennent des droits de coupe pour leurs usines qui permettront aux deux compagnies réunies de couper à blanc plus de 120,000 km du nord albertain, représentant environ 1/3 de la superficie du Japon. Cette vaste région est le pays séculaire de la bande Bigstone et des Lubicon. C Mc.)*

La Saskatchewan Une firme américaine, la Weyerhauser, contrôle 23 pour cent de la coupe annuelle permissible aux termes d'un permis de gestion forestière qui englobe 5 millions d'hectares. Deux expansions majeures de la capacité de la production de pâte sont en cours-une usine «joint venture» de Millar Western avec la Norsak dans la région de Meadow Lake: et l'usine de la Nortek et de la Kruger à Nipawin. Dès que ces deux usines produiront à pleine capacité, le volume de coupe de la province sera doublé.

La Manitoba Deux compagnies canadiennes, la Repap et l'Abitibi, détiennent 65 pour cent de la coupe annuelle permissible de la province. Avec la vente de la corporation provinciale, la Montor, à la Repap en 1989, les droits de coupe de 50 pour cent de la forêt productrice de la Manitoba furent transférés à une corporation sous un nouveau permis de gestion forestière. La modernisation et l'expansion du moulin de pâte et papier au Pas augmenteront la production actuelle de 368 pour cent et consommeront 3,325,000 m de bois annuellement. Suite à des pressions du public, le projet entier de la Repap est différé; le temps d'une étude environnementale.

L'Ontario Depuis 1979, 28 ententes de gestion forestière ont été signées. L'industrie forestière détient les droits à plus de 180, 961 km, soit 70 pour cent des terres sous d'exploitation. Les cinq plus grandes compagnies de l'Ontario ont signé des ententes de gestion forestière leur donnant ainsi contrôle exclusif de 103,602 km de terres, ou 40 pour cent de la superficie totale sous permis d'exploitation. En même temps le gouvernement provincial a coupé les budgets sylvicoles de 50 millions de dollars entre 1986 et 1988 et reste de loin de son objectif de plantation d'arbres. Huit ans après la signature de la première entente de gestion forestière, une étude environnementale a enfin été entreprise. Les audiences sont en cours depuis deux ans sans qu'il y ait de conclusion de prévisible à court terme.

Le Québec Dans cette province où quasiment toute la forêt productrice est déjà confiée à l'industrie, une série d'ententes de gestion forestière vient d'être négociée sans consultation publique ni débat, en dépit de l'impact significatif des ententes sur les indigènes et les propriétaires de petits boisés privés. La capacité actuelle de l'industrie forestière québécoise exige des volumes de coupe qui dépassant tout remplacement et qui ne peuvent pas être maintenus.

Le Nouveau-Brunswick Trois grandes papetières, D. Irving, Repap et Fraser, contrôlent 45 pour cent de l'allocation annuelle des forêts publiques du Nouveau-Brunswick. Les conifères subissent une sur de presqu'un million de mètres-cube par année. Le contrôle qu'exercent les compagnies est si serré que les tribunaux ont bloqué l'accès du public à l'information quant à la gestion forestière sur les terres publiques.

La Nouvelle-Ecosse Les trois papetières majeures, Bowater, Scott et Stora, contrôlent presque 40 pour cent de la forêt productrice à travers des permis à long terme ou des baux corporatifs («corporate Freehold»). Le seul marché possible pour la plupart des propriétaires det petits boisés (représentant 52 pour cent des terres forestières) est avec les grandes corporations. Au prix de rabais décidés par les compagnies, moins de la moitié des proprios vendent en effet à celles-là, bien que peu d'autres options existent.

L'Ile du Prince-Edouard 94 pour cent des forêts de la province sont constituées de petits boisés. Une transition vers des méthodes de gestion durable produirait davantage d'emplois au secteur forestier et du bois de construction moins cher pour les résidents de l'Ile.

Terre-Neuve Deux compagnies, la Kruger et l'Abitibi-Price, détiennent les droits à 65 pour cent de la forêt productrice. Ces terres sont détenue en grande partie par de baux de 99 ans venant à terme en 1992 et en 2037. Face à une crise, précipitée par une gestion forestière inadéquate, la province propose une législation qui aura pour effet de transférer les dernières terres de la couronne à des compagnies de pâte et papier.

Les provinces ont promu toute cette clique sous le prétexte d'une politique de création d'emplois. Le contraire est vrai.

- Les nouvelles technologies sont fortement automatisées et ne requièrent que peu de main do'oeuvre;
- Le Canada exporte la pâte à d'autres pays, avec celle-ci exporte-t-elle les emplois «à valeur ajoutée»;
- Dans plusieurs régions, à cause de la surcoupe, plusieurs travailleurs forestiers seront mis à pied.

Bref, les compagnies de bois feront ce qu'elles ont toujours fait - prendre leurs profits, fermer boutique, partir, ... une histoire déjà contée par Jamie Swift dans «CUT AND RUN».

Les canadiens sont bien au courant de la question de la forêt pluviale de l'Amazonie. Désormaid nous faut-il nous éveiller à la crise de «l'Amazonie nord». L'industrie répond à nos appels au changement en embauchant la firme de relations publique la plus grosse au monde, Burson-Marsteller - les gens choisis pour redonner l'image de la Union Carbide après le désastre de Bhopal là ou les gazes chimiques tuaient 3,598 victimes en Inde. Des organismes à la solde de l'industrie en Colombie-Britannique se sont établis afin de diviser les travailleurs, les écologistes et les peuples indigènes. Les compagnies continuent de couper les forêts; simultanément elles accusent le mouvement écologique de trahison pour cause d'opposition à eux. Les communautés font face à des divisions et de la difficulté suite à ces tactiques, chose qui ne convaincra pas le public que les compagnies agissent de façon responsable en forêt canadienne. Nous y sommes écologiestes, travailleurs, peuples autochtones - afin de conserver la forêt boréale et de protéger les derniers lieux sauvages.

L'année passée on a formé une coalition représentant 1 million de personnes, y compris des gens de la base, et des organismes communautaires, des églises, des syndicats et des groupes d'autochtones.

L'Alliance pour l'avenir des forêts canadiennes a déclaré l'état d'urgence et demande aux gouvernements fédéral et provinciaux à:

1) Arrêter tout nouveau développement ou expansion d'usine de pâte
2) Imposer un moratoire à la signature de toute nouvelle entente de gestion forestière et/ou bail forestier.
3) Imposer une limite immédiate aux augmentations des niveaux de la coupe provinciale annuelle.

Je tiens à la justice pour les peuples autochtones, à la négociation des réclamations territoriales, à l'emploi sain et producteur dans nos communautés ainsi qu'à la préservation des lieux sauvages pour les générations futures. Abonnez-vous à la cause.

Ne laissons pas ces dégâts à nos enfants ...

Colleen McRory

La pérennité de nos forêts

par Luc Gagnon
(texte préparé avec l'aide de Robert Kasisi)

Au Québec, l'exploitation forestière s'est surtout concentrée sur la planification et l'exécution de la récolte du bois dans un but de rentabilité économique à très court terme. Cette exploitation ne se souciait guère de la dégradation des écosystèmes naturels ou de l'épuisement des forêts.

Cette conception de l'exploitation forestière a entrainé des conséquences désastreuses :

- une augmentation vertigineuse des niveaux de coupe atteignant fréquemment plus de 100 % de la capacité maximale de la forêt ;
- la création de conditions propices à l'établissement de certaines maladies et parasites ; le problème de la tordeuse de bourgeon de «l'épinette» en est un exemple ;
- l'épandage de plus en plus grand de pesticides qui se retrouvent,via les vents et les eaux d'écoulement, dans les cours d'eau et les zones habitées ;
- une exploitation aveugle ne tenant pas compte des règles élémentaires de sylviculture, entraînant la destruction des habitats fauniques ;
- réduction de l'autonomie des Amérindiens dont leur mode de vie dépend de ces habitats fauniques.

Une politique responsable de gestion forestière devra tenir compte de la **vocation polyvalente** de la forêt. Cette politique devra concilier une exploitation rentable avec les autres bienfaits de la forêt tels que la faune, la récréation, la diversité des espèces végétales et les emplois (à court et long terme.)

Il s'agit donc d'assurer globalement la pérennité et la diversité de la ressource renouvelable qu'est la forêt. Voici donc plusieurs moyens pour atteindre cet objectif.

Responsabilisation des exploitants

- Abolition du travail à forfait qui constitue une incitation à l'exploitation abusive de la forêt.
- Responsabilisation des grandes compagnies face aux agissements des sous-traitants.
- Formation écologique obligatoire pour les entrepreneurs et les travailleurs de l'industrie forestière.

Rationalisation des pratiques d'exploitation

- Application stricte des normes et règlements (notamment l'interdiction de coupe à proximité des cours d'eau).
- Utilisation effective et généralisée des méthodes de coupe qui favorisent la régénération naturelle, les habitats fauniques et l'équilibre écologique du minieu (coupes sélectives, par petites assiettes, en rangée, en damier).
- Intensification du programme de reboisement à court et moyen terme pour réparer les erreurs du passé.
- Élimination du transport du bois par flottage.
- Favoriser les pratiques de sylviculture en boisé privé, notamment comme complément aux activités agricoles.
- Lutte constante contreles pluies acides qui réduisent le taux de croissance de nos forêts ; cette lutte doit prévoir une réduction dramatique des

émanations de la compagnie Noranda qui, ironiquement, est elle-même une grande compagnie d'exploitation forestière.

Rationalisation de l'utilisation de la matière ligneuse
- Utilisation des déchets de coupe (cimes, branches).
- Utilisation des matières résiduaires produites pendant la transformation.
- Exploitation d'arbres à faible diamètre et des espèces sous-utilisées dans les parterres de coupe.
- Pour réduire notre consommation, instauration d'un réseau de récupération à la source et de recyclage du papier et du carton.

Rationalisation de la lutte aux pestes
- Tout épandage de pesticides devra être effectué à l'intérieur de stratégies de lutte intégrée.
- Exploitation prioritaire des zones de forêts les plus atteintes par la maladie et les ravageurs.
- Interdiction des produits et procédés dangereux pour la santé, que ce soit directement ou par le biais de la chaîne alimentaire (particulièrement les arrosage aériens à proximité d'endroits habités).

Recherche et concertation
- Stimulation de la recherche selon les problématiques différentes de chacune des régions.
- Associer le plus possible la population au processus de décision ayant trait à l'exploitation forestière.

La coupe a blanc
Photo de Probe Post

When answering these questions please use
the pages provided at the end of the book.)

(En répondant à ces questions, utiliser s'il vous
plait les pages à la fin du livre.)

Question 3

A) The forestry industry (including logging, lumber and pulp and paper) is the largest sector of the Canadian economy. In balancing economic and environmental objectives in this sector, which should have precedence:

A) L'industrie forestière (y compris les industries de bois et de pâte et papier) constitue le plus grand secteur de l'économie canadienne. Dans le balancement des objectifs de l'économie et de l'environnement dans ce secteur, lequel devrait avoir précédence:

☐ Environment Much More Important — ☐ Environnement beaucoup plus important

☐ Environment More Important — ☐ Environnement plus important

☐ Equal Importance — ☐ D'importance équivalente

☐ Economy More Important — ☐ Économie plus importante

☐ Economy Much More Important — ☐ Économie beaucoup plus importante

☐ Not Sure — ☐ Pas sûr

☐ Other — ☐ Autre

B) Did you find any information in the forestry section that was new to you (specify).

B) Est-ce vous avez trouvé de l'information dans la section forestière que vous ne connaissez pas auparavant (spécifiez).

C) In your opinion, what are the direct ways in which the public can change practices in the forest sector.

C) D'après vous, lequelles sont les façons par laquelle le public peut changer la pratique de l'industrie forestière.

Editor's Note

MARY PICKERING *is a graduate of the Faculty of Environmental Resource Studies at the University of Waterloo, where she writes and edits for ALTERNATIVES, the University's ecological magazine. Mary introduces the important subject of economic conversion and the complex relationship between the environment and the economy. My friend, Hazel Henderson – author, ecologist, futurist, economist extraordinaire – has a no-nonsense approach to Economics, which she describes as, "Simply the value a society places on this activity over that activity." Hazel no doubt learned such pragmatism from her mentor, the great British economist, E.F. Schumacher, whom* **Mary Pickering** *begins by quoting ...*

"Call a thing immoral or ugly, soul-destroying or a degradation of humankind, a peril to the peace of the world or to the well-being of future generations; as long as you have not shown it to be 'uneconomic' you have not really questioned its right to exist, grow and prosper."

I feel this quote illustrates the inadequacy of today's economic principles as proper decision-making tools. Today's economic definitions simply don't seem to reflect community, social or environmental values very well. It's clear that the changes we need in Canada will require economic conversion, since the economy is linked to all our activities and aspirations. I have no doubt that this conversion will be difficult, complex and probably painful.

As individuals we can begin by expecting more from our jobs than just a paycheque. We can ask for opportunities for training and growth, flexible working patterns, and health, fitness, and childcare policies. But in return we will have to take more responsibility for the health of our companies by developing new ideas, suggesting and implementing improvements, even taking on the responsibilities for managing ourselves and participating in company decision-making, all the while developing skills that will make us more flexible and marketable as workers.

As employers we will benefit too. Committed employees are more productive. The most effective business innovations come from the people most closely involved with the business process – the workers. IBM recognizes this and allows their technical managers up to 15 percent of their budgets to pursue their own exploratory projects. And worker involvement in management doesn't have to be inefficient. A recent American statistic shows that failing firms that were bought out by their employees had an employment growth rate twice that of comparable firms.

As community members we should take steps to encourage a stable economic climate, making sure that our economics are diverse and flexible enough to withstand change. Community economic development bureaus could be established to identify regional problems and tailor-make economic strategies to suit the specific needs, desires and resources of each community. We'll also

eed new financial institutions, institutions that are able to provide a wide array
f flexible services that can encourage small initiatives.

As responsible citizens we may also need to give serious thought to the
onvention of full time employment, and give new recognition and encourage-
 nent to unpaid work like home-care, child-care and volunteer service. Ralph
Jader has said that if 1 percent of the population spent just 1 percent of their
egular TV viewing time pursuing community volunteer activities we would see
nany social needs fulfilled.

As Canadians we will have to concern ourselves with the real implications
f our international trade agreements – carefully balancing the benefits of inter-
ational co-operation with a respect for grassroots development and giving due
ttention to our right as Canadian citizens to form our own innovative economic
 olicies based on our own national values.

As members of a country that I hope could be a model of tolerance, respect
nd co-operation, we must accept and preserve cultural differences, identify
 ommon goals on which to build and we must compromise.

And in the end, we will have to begin the real business of economic conver-
 ion. We'll increase the efficiency of existing businesses and institutions. We
 vill develop new industries to meet new needs and produce long-term durable
 oods. We will modify existing businesses to incorporate more acceptable
 ractices, like re-tooling plants to use recycled stock instead of raw materials.
Ve will seriously adopt conservation strategies in our energy policy. And, ulti-
 nately, we will eliminate industries that prove to be uneconomic based on our
 alues and our long-term choices for an acceptable future.

Note de l'Editeur
MARY PICKERING *est matriculée à la Faculté des Etudes de l'environnement d'*
l'Université de Waterloo, où elle est écrivain et éditeur sur la revue écologiqu
«Alternatives.» Mary introduit le sujet important de la reconversion économique, e
la relation complexe entre l'environnement et l'économie. Mon amie Haze
Henderson, auteur, écologiste, futuriste, et économiste extraordinaire – prend un
approche réaliste à l'économie, qu'elle décrit comme «tout simplement la plu
grande valeur donnée par une sociéte à une activité qu'à une autre.» Hazel a san
doute appris ce pragmatisme auprès de son mentor, le grand économiste E.F
Schumacher, cité par **Mary Pickering** *dans son texte ...*

«Que vous appeliez une chose immorale ou vilaine, abrutissante ou une dégradation de l'humanité, une menace de la paix mondiale ou du bien-être des générations futures, tant que vous n'aurez pas démontré qu'elle n'est pas rentable, vous n'aurez pas vraiment contesté son droit à l'existence, à la croissance et à la prospérité.»

Je pense que cette citation montre l'inadéquation des principes économique d'aujourd'hui en tant que moyens adéquats de pendre des décisions. Les concept économiques d'aujourd'hui semblent ne pas refléter très bien les valeurs sociales communautaires et écologiques. Il est clair que les changements dont nous avon besoin au Canada requerront une reconversion économique, puisque l'économi est liée à toutes nos activités et à toutes nos aspirations. Je n'ai aucun doute qu cette reconversion sera difficile, complexe et probablement douloureuse.

Individuellement, nous pouvons commencer à attendre de nos emplois plu qu'un simple salaire. Nous pouvons chercher des occasions de formation et d croissance, un horaire de travail souple, et des politiques en matière de santé, d fitness et de garderies d'enfants. Mais, en échange, il nous faudra prendre plus d responsabilités à l'égard de la santé de nos entreprises en mettant au point d nouvelles idées, en suggérant et en implantant des améliorations, en assuman même la responsabilité de nous gérer nous-mêmes et de participer au processus d décision, tout en développant des qualités qui nous rendront plus souples et plu compétents en tant que travailleurs.

En tant qu'employeurs, nous pourrons aussi en tirer des avantages. De employés dévoués sont plus productifs. Les innovations économiques les plus eff caces viennent des gens qui sont engagés de près dans le processus de fabrication c'est-à-dire les travailleurs. IBM reconnaît cela et accorde à ses directeurs tech niques jusqu'à 15% de son budget afin qu'ils poursuivent leur propre projets d recherche. L'engagement du travailleur dans la gestion ne doit pas nécessairemen être inefficace. Des statistiques récentes publiées aux Etats-Unis montrent que le entreprises en difficulté qui ont été achetées par leur employés avaient un taux d croissance de l'emploi deux fois plus important que celui des entreprises similaires.

En tant que membres actifs d'une communauté, nous devrions nous diriger ver l'encouragement d'un climat économique stable en nous assurant que no économies sont assez diversifiées et souples pour résister aux changements. De bureaux pour le développement économique dans nos communautés pourraien être établis, afin d'identifier les problèmes régionaux et les stratégies économique sur mesure pour combler les besoins, les désirs et les ressources spécifiques à chaque communauté. Nous aurons aussi besoin de nouvelles institutions financière qui sont capables de fournir toute une gamme de services souples qui peuven encourager de petites initiatives.

En tant que citoyens responsables, il nous faudra aussi réfléchir sur la signification de l'emploi à plein temps, reconnaître et encourager d'une nouvelle façon le
travail non rétribué, tel que les soins à la maison, le gardiennage et le bénévolat.
Ralph Nader a déclaré que si 1% de la population dépensait 1% du temps qu'elle
consacre à regarder la télévision au bénévolat communautaire, on parviendrait
ainsi à satisfaire beaucoup de besoins sociaux.

En tant que Canadiens, nous devrons nous intéresser aux répercussions réelles
de nos accords de commerce international, équilibrant soigneusement les avantages de la coopération internationale en respectant le développement de nos
racines, et en accordant l'attention nécessaire à nos droits de citoyens canadiens,
afin de planifier nos propres politiques économiques innovatrices basées sur nos
propres valeurs nationales.

En tant que membres d'un pays qui j'espère, pourrait être un modèle de
tolérance, de respect et de coopération, nous devons accepter et préserver nos
différences culturelles, identifier les buts communs sur lesquels nous pourrons nous
baser et nous devons faire des compromis.

Finalement, nous devrons entamer la vraie reconversion économique. Nous
augmenterons l'efficacité des entreprises et des institutions existantes. Nous modi-
fierons les entreprises existantes afin de les doter de pratiques plus acceptables,
comme par exemple le ré-équipement des usines avec du stockage recyclé au lieu
d'utiliser les matières premières. Nous développerons de nouvelles industries afin
de satisfaire de nouveaux besoins, en produisant par exemple des biens durables
à long terme. Nous adopterons sérieusement des stratégies de reconservation
dans notre politique énérgetique. Finalement, nous éliminerons les industries qui
ne sont pas rentables en nous basant sur nos valeurs et nos choix à long terme en
vue d'un avenir acceptable.

Mary Pickering

10,000 Migrating Caribou Drowned Crossing the Caniapiscau River in 198
During a Hydro-Quebec Water Release

Editor's Note:
Hazel Henderson's definition of Economics – "The value a society places on this activity over that activity" – can be directly applied to the James Bay crisis, described in FOLLY OF THE CENTURY by the Northeast Alliance to Protect James Bay ....

James Bay II:
A Disaster in the Making
"We can prove that our project is the one that impacts least on the environment."
– Jacques Guevremont, an Executive VicePresident, H-Q

The James Bay II projects – The Great Whale River Complex and the Nottaway-Broadback-Rupert Complex (NBR) – will complete the devastation of the James Bay Region and the Cree culture that was begun by phases I and II of the La Grande Complex. These projects will dam every major Québec river flowing into James Bay and Hudson Bay. They will destroy the most productive Cree and Inuit hunting areas for the communities of: Whapmagoostui, Kuutjuaraapik, Chisasibi, Waskaganish, Nemaska, Waswanipi, Mistissini, Ouje-Bougoumou and Umiuyak. They will increase H-Q's James Bay capacity by 77% to 26,000 MW.

Six years ago in "Ecology – The Missing Link In Politics", **LUC GAGNON** was already urging alternatives to the mega-project response to energy needs. Like Mary Pickering, he looks at economic conversion, low impact technologies, the philosophy that small is better. Most importantly, he claims that *"Ecologism does not lead to austerity and job creation can be compatible with respect for the environment"*. He cautions that while *"these ideas cannot pretend to be the last word on the subject, for there are many other aspects to consider"*, a different perspective is needed on energy matters. Here with some *"turnaround decade"* thoughts on energy policy is **Luc Gagnon** with ...

"The Energy/Renovation Brigade"
Towards Energy Self-Sufficiency

This concept is based upon two closely linked principles: the first is ....

1) FREEING UP ENERGY
   Energy reduction is, in fact, a method of energy production
   A massive program of building insulation could make available an amount of energy equivalent to that generated by a hydro-electric mega-project. If, through the use of insulation, a family reduces its energy consumption by 50%, it is exactly the same as if it produced 50% of its energy needs from a perfectly renewable resource.
   What I am proposing here is to make a million miniatures of "James Bay" – a kind of mega-project that would be totally decentralized throughout all of Quebec.

La végétation renaît au bord de la Grande Baleine au printemps le 29 mai, 1991.
Cette région va être inondé par Hydro-Québec.
Spring grasses return to the banks of the Great Whale, May 29, 1991. This is
the area to be flooded by Hydro-Quebec.

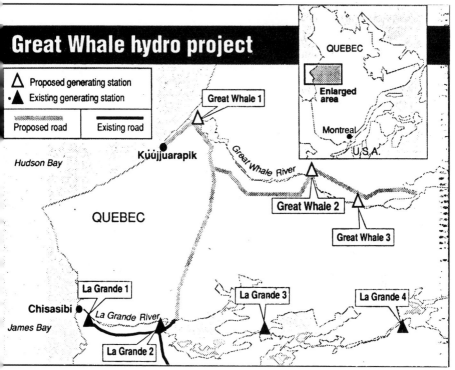

Great Whale hydro project

△ Proposed generating station
▲ Existing generating station

Proposed road | Existing road

QUEBEC

Enlarged area

Montreal

U.S.A.

Great Whale 1

Hudson Bay

Kuujjuarapik

Great Whale River

QUEBEC

Great Whale 2

Great Whale 3

La Grande 1

Chisasibi

La Grande River

James Bay

La Grande 2

La Grande 3

La Grande 4

In this way we would not only become better managers of our resources, we would also gain a hydro-electric surplus. Which leads to the next question, what do we do with the surplus?

2) LOCAL SUBSTITUTION – NOT EXPORT ...

... is the second principle. We must ensure our energy security and self-sufficiency. Electricity made available by the insulation project must, therefore, as a priority, be used to heat all homes, businesses and institutions currently heated with oil.

Massively increasing our exports of electricity, with all the risks entailed, is completely absurd when every year Quebec imports a billion dollars' worth of oil, solely for use in heating homes and businesses. Such imports are very damaging to our economy and an energy policy which addresses the unemployment problem must target two objectives: the energy used must be *local* and *renewable*.

As we will see, from every point of view, this approach has more to offer than dam construction. It is a solution that would create jobs in all parts of Quebec, significantly increase our energy security and improve the quality of most housing.

Energy Production vs. Energy Conservation

While the potential for hydroelectric development in Quebec is still an important consideration, there are serious drawbacks:

– first, the astronomical costs: future hydroelectric projects will be even more costly than James Bay I (with a price tag of more than $4,000 per Quebec worker)

73

Billy et Mina Weetaltuk, aieuls Inuit, batissent un feu pour cuire des oies pendant u
repas familial au bord de la Grande Baleine, le 26 mai, 1991.
Inuit elders, Billy & Mina Weetaltuk, build a fire to cook geese for a family picn
on the bank of the Great Whale River, May 26, 1991.

- major hydroelectric projects drain such a high proportion of funds for investment in Quebec that they prevent development of many other local and regional projects.
- these projects cause massive migrations of workers, and the social impacts of enforced family separations.
- if such projects have as their sole objective the export of electricity, there is some question of cost-effectiveness, since the United States is the only potential customer: *it is difficult to sell a commodity at a good price when there is only one buyer.*

In fact, it has long been known that it is easier and more effective to conserve energy than to try to produce more. Quebec must explore this path before even considering vast new hydroelectric projects.

Poor Housing Standards in Quebec

More than 1,500,000 homes were constructed before 1970 and more than 500,000 before 1945. Most of these buildings have never been renovated to any great extent and a large percentage have no insulation. Consequently, there is great potential for energy conservation.

THE ENERGY/ RENOVATION BRIGADE
A 10-Year 10 Billion Dollar Programme

These are the main points of a project to improve the economic and social life of Quebec:
- 100% subsidies for costs related to energy-efficient home improvements
- 100% subsidies to improve the soundproofing of multi-family dwellings
- 50% subsidies on other kinds of renovations: this funding would be allowed only if previous renovations provided a minimum standard of energy efficiency
- 75% subsidy on investments in up-grading the energy-efficiency of commercial buildings
- 100% subsidy for conversion of oil heating systems to electricity (keeping a back-up system to avoid increasing peak demand in winter)
- acceleration of the hydrogen-research programme: this would allow conversion of our electricity surplus (in the summer) into usable fuel for the transport sector: this long-term objective is essential for further reduction of our oil imports.

A maximum subsidy would be $8,000 per home and the programme would aim to renovate more than 1,000,000 residences over ten years. For commercial premises, maximum funding would be determined by the surface area of the building.

Furthermore, the balance-sheet would show an investment total greater than the total of subsidies, since the project must also include the participation of workers, employers and financial institutions, in much the same spirit as the "Corvée Habitation" programme. This presupposes salary concessions by construction unions and an agreement to curtail overtime in order to maximize job creation. Financial institutions would make financing available to property owners for additional improvements. Government participation is also likely.

Une maison abandonnée de l'ancien emplacement du village Cris de Fort Georg
Island à l'embouchure de la Grande rivière. Hydro-Québec avait exigé que le villag
soit deplacé.
Abandoned house on old site of Cree Village, Fort George Island at mouth of L
Grande River. Hydro-Quebec insisted village had to be moved.

Of course these subsidies would be strictly regulated to ensure that renovations conformed to program objectives.

Historically, the main objections or injustices inherent in such plans related to the fact that only property owners could benefit from them. Under these circumstances, it is essential that a group of tenants in a given building be allowed to initiate a project. That is why the subsidy must be 100% and the renovation be "do-able", even when a landlord has no interest in it. Moreover, landlords may not use any renovations under this program as a justification for rent increases.

Effects of Housing Standards

Improving a dwelling's energy efficiency happily coincides with an overall improvement in the quality of life:

- renovation of doors and windows in a bad state of repair
- a well insulated dwelling is warmer in winter and cooler in summer
- conversion to electric heating improves air quality

Economic Impacts

This programme offers several economic benefits:

- tens of thousands of jobs will be created across Quebec (renovations are more labour-intensive than new construction):
- no worker migrations
- as most of the required materials would be produced in Quebec, the programme's multiplier effect would be greater than building a dam.
- public subsidies would be largely offset under this programme by the replacement of imported oil (which does not create jobs) with local manpower and products.

IN SHORT ...

An economic project on this scale constitutes the energy equivalent of a second James Bay. It would make available enough energy to increase our self-sufficiency as well as our economic prosperity. Overall the project offers a number of comparative benefits:

- elimination of waste:
- a dramatic drop in home-heating costs:
- improvement of air quality, always remembering that the burning of oil contributes substantially to urban pollution and acid rain:
- reducing our oil dependency:
- the project is aimed at a stable domestic market rather than a hypothetical export market:
- it can create more jobs than any other alternative and, moreover, in all parts of the province:
- the energy benefits are immediately apparent (unlike hydroelectric mega-projects which take ten to fifteen years to become productive):

In this way, Quebec will achieve more prosperity, independence and a secure energy source.

Inuits, mère et enfant, Kuujjuaraapik, mai, 1991
Inuit mother & child, Kuujjuaraapik, May 1991

COMPARISON OF PROJECTS

James Bay II
(Production Exported)

Energy/Renovation Brigade

Profitability

James Bay II	Energy/Renovation Brigade
- 10-15 years before any profit is realized on investments	– "Production" benefits from Year One
- doubtful profitability due to hypothetical nature of the market	– Quebec, a security market we can control
- little flexibility: hydroelectric potential increases in blocks of approx. 5,000 megawatts. This may not correspond to the export market	– great flexibility: by making insulation a priority, either by conversion or with a back-up system, power demand can be tailored to production. This flexibility is enhanced by the ability to give priority either to residential, commercial or institutional interests, according to level of participation in the programme
- there is little inducement for people to increase investment in the project	– once people or businesses commit to property renovation, they are more likely to continue with non-subsidized improvements
- likely to increase in heating costs to consumers	– likely to decrease in heating costs to consumers
- endangers the financial viability of Hydro-Quebec	– no danger to Hydro-Quebec
- increases our economic dependence	– increases our energy and economic independence

Employment

James Bay II	Energy/Renovation Brigade
- employment concentrated in the far North	– employment equitably distributed throughout the regions of Quebec
- worker migrations over several years; considerable social impact	– workers remain in contact with their families
- highly specialized jobs	– less specialized jobs
- creation of jobs which would benefit only workers with previous experience on hydro-electric projects; the project does nothing to help young, inexperienced people	– an exceptional opportunity to provide thousands of young people with openings in the construction industry
- dam construction is one of the most capital-intensive industries; very high capital/job ratio = few jobs created	– building renovation is a very labour-intensive industry; low capital/ job = many jobs created

Environment

James Bay II	Energy/Renovation Brigade
- dam construction and power lines impact negatively on the environment	– very positive effect on the environment from a major reduction in urban oil-burning
- many numerous impacts from new power lines (particularly on agriculture)	– no new power lines
- impact on resources vital to native peoples	– allows native people to upgrade their housing

Living Standards

James Bay II	Energy/Renovation Brigade
- improvement in living standards only for those employed on the projects, i.e. fewer than 20,000 people	– improvement in living standard for a great many workers, and above all, through home-improvements, an increase in living standards for millions of Quebeckers

For further details on "Renovation/ Energy Brigade", please see "Ecology: The Missing Link in Politics" pages 99-103. See also "Work Sharing and Tech-Change Layoffs" pages 123-127

Des Cris partent à la chasse sur la Grande Baleine.
Cree Hunters set out on Great Whale River.

*éproduit grâce à **Berthio** de **Le Soleil***

"Before the dams were built, the river could speak. People would talk to the river at the rapids. The trees and the animals could talk. The spirits of the hunters who died on the land walked the river banks with the spirits of the animals they had killed."

– Job Bearskin

"Quebec is a vast hydro-electric plant in the bud, and every day, millions of potential kilowatt hours flow downhill and out to sea. What a waste!"

– Premier Robert Bourassa

Site du barrage La Grande I (voir page 73)
La Grande I construction site (see map page 73)

Baie James II:

Un désastre qui se prépare

«Nous pouvons prouver que le notre est un projet qui a un moindre impact sur l'environnement.»
– Jacques Guevremont, VP Executif, HQ

Les projets Baie James – Le complexe de la Grande Baleine et le complexe Nottaway-Broadback-Rupert (NBR) completeront la dévastation de la région Baie James et la culture des Cris qui a été commencée par les phases I et II du complexe La Grande. Ces projets mettront des barrages sur chaque rivière principale qui débouche dans la Baie James et la Baie d'Hudson. Ils détruiront les terrains de chasse les plus productifs de: Whapmagoustui, Kuujjuaraapik, Chisasibi, Wakaganish, Nemaska, Waswanipi, Mistissini, Ouje-Bougoumou, et Umiuyak. Ils augmenteront la capacité du projet Baie James de l'Hydro-Québec par 77%, jusqu'a 26.000 MV.

(de "Folly of the Century" publication de l'Alliance to Protect James Bay)

Note de l'Editeur

Il y a six ans, dans «L'Ecologie: le chaînon manquant de la politique», LUC GAGNON proposait une alternative aux mega-projets hydro-électriques. Comme Mary Pickering, il se préoccupe de la reconversion industrielle. De plus, il constate que «L'écologisme ne mène pas à l'austérité, et que la création d'emplois peut se faire dans le respect de l'environnement». Ce qu'il propose n'a pas la prétention d'être exhaustif, car il y aurait plusieurs autres thèmes à aborder, mais il nous présente un point de vue tout à fait différent vis à vis l'affaire Baie James. Voici encore Luc Gagnon et sa perspective «du grand virage» ...

Un grand projet économique vers l'indépendance énergétique: «Corvée rénovation/ énergie»

Le projet comporte deux principes qui sont étroitement liés.

1) Libérer de l'énergie

Le premier principe est le suivant: les économies d'énergie sont, en fait, une façon parmi d'autres, de produire de l'énergie. Par un vaste programme d'isolation des bâtiments, on peut arriver à libérer une quantité d'énergie équivalente à celle produite par un méga-projet hydro-électrique. Si une famille, par l'isolation, réduit sa consommation d'énergie de 50%, c'est exactement la même chose que si elle produit 50% de son énergie avec une ressource parfaitement renouvelable.

Ce que je propose ici, c'est de faire un million de «Baie James» miniatures. Une sorte de méga-projet parfaitement décentralisé dans toutes les régions du Québec.

Avec une telle approche, nous deviendrons des meilleurs gestionnaires de nos ressources et nous aurons alors des surplus d'hydro-électricité. Nous avons donc un autre problème à résoudre, que faut-il faire de ces surplus?

Des pêcheurs en route vers l'embouchure de la Grande Baleine. Remarquer la vég[e]tation au bord de la fleuve, un ecosystème fragile qui va être inondé par Hydr[o]-Québec.

A fishing party heads west towards the mouth of the Great Whale. Note th[e] vegetation along the river. Hydro-Quebec's flooding will destroy this fragi[le] ecosystem.

2) LA SUBSTITUTION LOCALE ET NON PAS L'EXPORTATION

Pour résoudre ce problème, nous avons besoin d'un deuxième principe qui devra guider toute notre action. Ce deuxième principe c'est qu'il faut d'abord assurer notre sécurité et notre indépendance énergétique. L'électricité libérée par le programme d'isolation devra donc, en priorité, servir à chauffer tous les logements, les commerces et les institutions actuellement chauffés à huile.

Il serait complètement absurde d'essayer d'augmenter massivement nos exportations d'électricité, avec tous les risques que ça représente, alors qu'à chaque année, le Québec importe un milliard de dollars de pétrole uniquement pour le chauffage des résidences et des commerces. Ces importations de pétrole sont très dommageables pour notre économie et une politique énergétique qui tient compte du chômage doit viser deux objectifs: l'énergie utilisée doit être locale et renouvelable.

Comme on le verra plus loin, cette approche est certainement plus avantageuse à tous les points de vue que les projets de construction de barrages. Il s'agit d'une solution permettant de créer un très grand nombre d'emplois dans toutes les régions du Québec, d'augmenter significativement notre sécurité énergétique et d'améliorer la qualité de la plupart des logements.

La production d'énergie versus les économies d'énergie

Au Québec, le potentiel de développement de l'hydro-électricité demeure important mais présente de graves inconvénients:

- il y a d'abord les coûts astronomiques: les projets hydro-électriques du futur coûteront encore plus cher que la Baie James I (dont la facture a été de plus de $4,000 par travailleur québecois):
- les grands projets hydro-électriques drainent une telle portion des investissements au Québec qu'ils empêchent la réalisation d'une multitude de projets locaux et régionaux;
- ces projets imposent des migrations massives de travailleurs qui doivent quitter leur milieu familial avec des impacts sociaux;
- si de tels projets ont pour seul objectif les exportations d'électricité, il faut douter de leur rentabilité puisque les États-Unis sont le seul client potentiel; il est difficile de vendre une marchandise à bon prix lorsque vous avez un seul client.

En fait, il est reconnu depuis longtemps qu'il est plus facile et plus efficace d'économiser l'énergie que d'essayer d'en produire davantage. C'est dans cette voie que le Québec doit s'engager avant de penser à de vastes projets hydro-électriques.

La faible qualité des logements au Québec

Plus de 1,500,000 logements ont été construits avant 1970 et plus de 500,000 on été construits avant 1945. La plupart de ces bâtiments n'ont jamais été rénovés sérieusement et une grande proportion ne possède aucune isolation. En conséquence, le potentiel des économies d'énergie est certainement très important.

«CORVÉE RÉNOVATION/ ÉNERGIE»:
un programme de $10 milliards sur 10 ans

Voici les grandes lignes de ce projet essentiel à la vitalité économique et sociale du Québec:

- subvention de 100% des dépenses reliées à l'amélioration de l'efficacité énergétique des logements;

Roger Sandy, étudiant Cris, dépiaute un caribou dans un campement, janvier 1991
Cree high-school student, Roger Sandy skins a caribou in bush camp, January 199

- subvention de 100% pour améliorer l'insonorisation des logements multi-familiaux;
- subvention de 50% pour les autres types de rénovation; cette subvention n'est accordée que si les rénovations précédentes ont permis d'atteindre des normes minimales d'efficacité énergétique;
- subvention de 75% des dépenses reliées à l'amélioration de l'efficacité énergétique des bâtiments commerciaux;
- subvention de 100% pour les conversions des systèmes de chauffage à l'huille vers l'électricité, (avec maintien d'un système bi-énergie pour ne pas accroître la demande de pointe en hiver);
- accélération du programme de recherche sur l'hydrogène: cela pourra permettre de convertir nos surplus d'électricité (en été) en combustible utilisable dans le secteur des transports; cet objectif à long terme est essentiel pour réduire davantage nos importations de pétrole.

La subvention maximale serait de $8,000 par logement et le programme visrait à rénover plus de 1 million de logements sur 10 ans. Pour les bâtiments commerciaux, le maximum sera déterminé en fonction de la superficie du commerce.

Le bilan des investissements serait d'ailleurs plus important que le total des subventions car le projet devra inclure une participation du monde ouvrier, du patronat et des institutions financières dans le même esprit que le programme Corvée Habitation». Cela implique notamment des concessions salariales des syndicats de la construction et une entente qui interdirait le temps supplémentaire pour maximiser la création d'emplois. Les institutions financières devront assurer les facilités de financement aux propriétaires qui en auront besoin pour des rénoations supplémentaires. Une participation du gouvernement fédéral est également probable.

Ces subventions seront évidemment contrôlées rigoureusement pour s'assurer que les transformations sont conformes aux objectifs du programme.

Historiquement, les principaux obstacles ou injustices de tels programmes étaient reliés au fait que seulement les propriétaires pouvaient en bénéficier. Dans ce cas-ci, il est absolument essentiel qu'un groupe de locataires d'un bâtiment puissent initier le projet. C'est pourquoi la subvention doit être de 100%: les rénoations doivent être réalisables même dans le cas d'un propriétaire désintéressé du sort de ses locataires. De plus, les propriétaires ne pourraient pas justifier des augmentations de loyer à partir des rénovations couvertes par le programme.

Effets sur la qualité des logements

L'amélioration de l'efficacité énergétique d'un logement coïncide heureusement avec l'amélioration globale de la qualité de vie:
- rénovation des portes ou fenêtres en mauvais état;
- un logement bien isolé est plus chaud en hiver et plus frais en été;
- une conversion du chauffage à l'électricité permet d'améliorer la qualité de l'air.

L'impact sur l'économie

Un tel programme présente plusieurs bienfaits économiques:
- des dizaines et des dizaines de milliers d'emplois seront créés dans toutes les région du Québec (la rénovation est beaucoup plus intensive en main-d'oeuvre que la construction neuve);
- aucune migration de travailleurs;

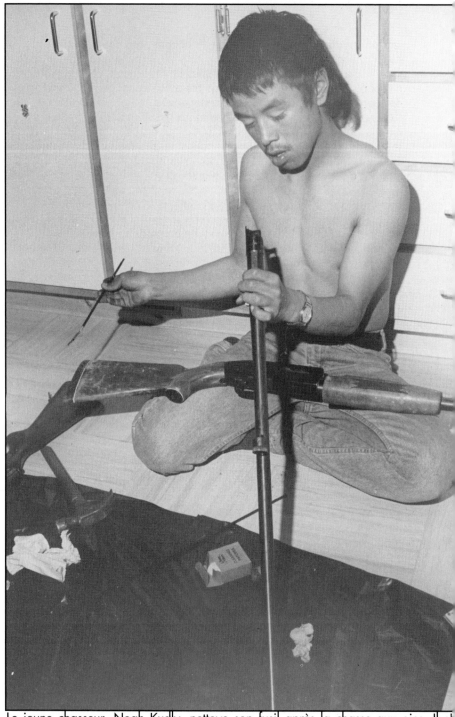

Le jeune chasseur, Noah Kudly, nettoye son fusil après la chasse aux oies. Il s'intéresse ardemment à garder des anciennes traditions, et veut organiser un attelage chiens de traîneau.

Young Inuit hunter, Noah Kudlu, cleans his shot gun after a goose hunt. He keenly interested in maintaining "the old ways" & plans to start a dogsled team.

- la majorité des matériaux nécessaires étant fabriqués au Québec, les effets multiplicateurs du programme seront plus élévés que ceux de la construction de barrages;
- les subventions publiques seront largement compensées par le fait que le programme permettra la substitution de pétrole importé (non créateur d'emploi) par de la main-d'oeuvre et des produits locaux.

Conclusion

Un tel grand projet économique constitue l'équivalent énergétique d'une 2° Baie James: il libère une grande quantité d'énergie qui servira à augmenter notre auto-suffisance, ainsi que notre prospérité économique.

Globalement, le projet présente de nombreux avantages comparatifs:
- élimination du gaspillage
- baisse dramatique des coûts du chauffage pour les citoyens;
- amélioration de la qualité de l'air; il ne faut pas oublier que la combustion du pétrole contribue substantiellement à la pollution urbaine et aux pluies acides;
- diminution de notre dépendance face au pétrole;
- le projet vise avant tout un marché intérieur stable plutôt qu'un hypothétique marché d'exportation;
- il crée plus d'emplois que toute autre alternative et ce, dans toutes les régions;
- les bénéfices énergétiques se manifistent immédiatement (contrairement aux grands projets hydro-électriques qui ne commencent à produire qu'après 10 ou 15 ans).

Ainsi, le Québec accédera à plus de prospérité, d'indépendance et de sécurité énergétique.

Des enfants Inuits, Kuujjuaraapik, May 1991
Inuit children, Kuujjuaraapik, May 1991

COMPARAISON DES PROJETS

2° Baie James	**Corvée rénovation/ énergie**
(avec exportation de la production)	

Rentabilité

– Investissements nécessaires prenant 10 à 15 ans avant de produire des bénéfices	– «Production» dès première année
– Rentabilité douteuse à cause du caractère hypothétique du marché	– Le Québec, un marché sécuritaire que nous pouvons contrôler
– Grande rigidité: le potentiel hydro-électrique augmente par bloc d'environ 5000 megawatts; cela ne correspond peut-être pas au marché d'exportation	– Grande flexibilité; en accordant priorité soit à l'isolation, soit à la conversion, soit à la bi-énergie, il est possible d'adapter exactement la demande d'électricité à la production; cette flexibilité est accrue par la possibilité d'ac-corder priorité soit aux résidences, soit aux commerces, soit aux institutions selon le désir des citoyens à participer au programme
– Le projet n'incite en rien des citoyens à investir davantage	– Une fois que les citoyens ou commerçants s'impliquent dans des rénovations de leur pro-priété, il est fort probable qu'ils ajoutent des investissements sur des items non subventionnés
– Augmentation probable des coûts de chauffage pour le consommateur	– Diminution probable des coûts de chauffage pour le consommateur
– Dangereux pour la rentabilité financière d'Hydro-Québec	– Ne menace pas Hydro-Québec
– Augmente notre dépendance économique	– Augmente notre indépendance énergétique et économique

Emploi

– Emplois centralisés dans le Grand Nord	– Emplois répartis équitablement dans toutes les régions du Québec
– Migrations de travailleurs pendant plusieurs années avec de nombreux impacts sociaux	– Travailleurs restent en contact avec leur famille
– Emplois très spécialisés	– Emplois peu spécialisés
– Emplois qui bénéficient uniquement aux tra-vailleurs ayant déjà de l'expérience dans les projets hydro-électriques; le projet n'aide en rien les jeunes sans expérience	– Occasion exceptionnelle de faire pénétrer une multitude de jeunes dans l'industrie de la con-struction
– La construction de barrages est une des indus-tries les plus intensives en capitaux: très fort ratio capitaux/ emploi = peu d'emplois créés	– La rénovation des bâtiments est une industrie très intensive en main-d'oeuvre: faible ratio capitaux/ emploi = nombreux emplois créés

Environnement

– Impacts négatifs sur l'environnement par le biais de la construction des barrages et des lignes de transport d'électricité	– Bilan très positif sur la qualité de l'environne-ment par une réduction majeure de la combus-tion d'huile en milieu urbain
– Nombreux impacts permanents des nouvelles lignes de transport (notamment sur l'agriculture)	– Aucune nouvelle ligne de transport
– Impacts sur les ressources vitales des Amérindiens	– Permet aux Amérindiens d'ameeliorer la qualité de leurs habitations

Qualité de la vie

– Amélioration de la qualité de vie uniquement pour ceux qui travaillent sur le projet, soit moins de 20,000 personnes	– Amélioration de la qualité de la vie d'un plus grand nombre de travailleurs mais surtout, par le biais du logement rénové, amélioration de la qualité de la vie de plusieurs millions de Québécois (l'objectif d'un million de logements rénovés représente 50% du stock de logements)

Pour des détails supplémentaires voir «L'Ecologie – le Chaînon Manquant de la Politique» pages 99-103 et 123-127.

(When answering these questions please use the pages provided at the end of the book.)

(En répondant à ces questions, utiliser s'il vous plait les pages à la fin du livre.)

Question 4

"I believe that beavers are the only ones who should be allowed to make dams in our territory."
– *Cree Leader*

«Je crois que ce n'est que les castors qui ont le droit de construire des barrages dans notre territoire»
– *Chef Cris*

A) James Bay is a classic confrontation between the old ways of the Cree and Inuit people and the energy needs of a modern society according to Hydro-Quebec. How do you respond to the Cree leader's statement about beavers?

A) La situation Baie James est une confrontation classique entre les anciennes traditions des peuples Cris et Inuits, et les besoins enérgétiques d'une société moderne d'après l'Hydro-Québec. Comment réagissez-vous à la déclaration du chef Cris au sujet des castors?

☐ Very Realistic

☐ Realistic

☐ Unrealistic

☐ Very Unrealistic

☐ Not Sure

☐ Other

☐ Très réaliste

☐ Réaliste

☐ Pas réaliste

☐ Pas du tout réaliste

☐ Pas sûr

☐ Autre

B) The James Bay project has caused significant social and environmental impacts. What are the impacts of **your** present use of electricity?

B) Le projet de la Baie James a eu de profondes conséquences sociales et environnementales. D'après vous, quelles sont les consequences de **votre** utilisation actuel d'éléctricité?

C) Referring to the words of E.F. Schumacher on page 66, how would you apply them to the James Bay situation?

C) En faisant référence aux mots de E.F. Schumacher à la page 68, trouvez-vous qu'ils sont applicables à la situation de la Baie James? Si oui, comment?

"The Canadian" October 4, 1989 – while it still ran through the Alberta Rockies just west of Lake Louise.
Photo by Steve Patterson, courtesy Passenger Train Journal

Editor's Note
GEORGE BECHTEL *is a founder of the national advocacy organization TRANSPORT 2000, and a fervent supporter of passenger trains and their place in Canada's history. George makes a strong case for public transportation, the environment and national unity, as he did before the Spicer Commission on February 27th this year. And as he has done for many years as Kitchener's transportation "guru" ...*

No community or nation of people can function without transportation networks. Look at any smoothly running human jurisdiction, and one finds a well-run adequate transportation system. Few exceptions to this rule exist anywhere on the face of the earth. The countries of the so-called Western industrial world have been investing billions for more than a decade in reconstructing and operating their transportation systems – countries like France, Germany, Britain, Italy, Spain, Switzerland, Holland, Belgium, Norway, Sweden, Australia, New Zealand, Japan. In the U.S., too, AMTRAK has been developing since its creation twenty years ago – sometimes (ironically) with the help of Canadian loans and state-of-the-art equipment not in use here. In short, in the general picture of rail renaissance world-wide, *Canada is the exception.*

We are facing the unhappy possibility of political breakup. We are also alone among the Western industrialized nations to have let our transportation system go to pot. There is a real connection between those facts.

A railway that once symbolized the building of a nation is now a symbol for its breakup and disunity. Consider this shocking statistic. Montreal and Winnipeg are major Canadian cities, neither of them exactly on the "fringe" of this country. But measuring the distance not in miles but in time and cost, by train it's 41 hours and $229 coach – and the train has been cut to 3 times a week. By plane it's hours in flight and $499 ... costing more than current bargain fares return Canada-Europe or Canada-sun destinations (hotel included!) It's clear that resistance to travel between major areas of this country is actually being built into the system. If it's that difficult to get from here to there, no wonder this country is coming apart. And no wonder Canadians are, instead, spending $10,708,000,000 on travel abroad and on 2.5 million trips to the U.S. of one night or more.

Transportation and the Environment

Our choice of transportation – as a nation and as individuals – has profound effects on the environment. *A train with 400 seats consumes one gallon of fuel a mile.* That means one gallon of fuel will take a person 400 miles by train. By comparison, a car can produce 160 miles per person per gallon *if* the car gets 40 miles to the gallon and *if* you reckon four persons per car (a rare sight on the 401 hereabouts!) A single rail carries as much as a four lane highway, with much more efficient land usage. If GO TRANSIT were to shut down, the Gardiner Expressway would have to be 12 lanes wide to handle the traffic. The fact is, other transportation modes (including planes) create five times the pollution and use three times the resources to do the same job as railways.

Transportation and Canada's Future

Transportation is as much a key to Canada's future now as it was at Conederation – both to improve our environment and to bring the different cities and regions of this country closer together no matter what Canada it is we are going to have. We might want to consider a railway system more like Australia's, where daily trains crisscross a formidable and sparsely populated desert, under the control and management of individual States. Similarly, Canada's trains could come under provincial jurisdiction. Since the provinces are responsible for highways and since railways make very good sense when compared with highway costs, there is increasing interest and a demonstrable demand for these services. The ridership of Ontario's GO TRANSIT and other provincial trains, added to that of VIA rail, well exceeds the ridership of other forms of public transportation such as bus and air. Canada could be the leader on this continent in manufacturing and running high speed trains – where Montreal-Toronto would not be much more than 2 hours apart, Montreal-Winnipeg an easy day trip.

Just as the English Channel shaped Britain, the "Chunnel" will reshape Britain as part of a united Europe. In the same way a rethought, rebuilt transportation system will do much to reshape Canada. Our political institutions are powerless to build anything that is not held together by transportation. We need only the will to do it. If Prime Minister Mulroney can decide in one evening, without consulting cabinet or parliament, to commit Canada to a war with costs unknown, why can't the decision be taken to commit our tax dollars to building a transportation system with cars, planes, buses and trains each doing what each does best? For the benefit of our environment and for a united Canada.

Reprinted courtesy Vancouver Sun

The French High Speed Train T.G.V. (Train à Grande Vitesse) à la Gare de Lyons
Photographer: W.A. Akin Jr., courtesy of Passenger Train Journal

Note de l'Editeur
Depuis longtemps, GEORGE BECHTEL est le «guru» de transport à Kitchener et
apporte de forts arguments à l'appui de transport en commun, l'environnement e
de l'unité nationale, comme il les a developpés au Forum des Citoyens le 27 février
Parmi les fondateurs de Transport 2000, l'organisme de promotion de transpor
en commun, George Bechtel est un champion actif du transport ferroviaire de
passagers ...

Aucune communauté ni aucune nation ne peut fonctionner sans réseau de trans
port. Il suffit de regarder n'importe quel territoire quelque peu géré par l'homme e
on trouve un réseau adéquat et très bien géré. Il existe peu d'exception à cett
règle dans le monde. Les pays qui font partie de ce que l'on appelle le monde occi
dental ont investi des milliards pendant plus d'une décennie à reconstruire et à per
fectionner leur système de transport; c'est le cas de pays tels que la France
l'Allemagne, la Grande-Bretagne, l'Italie, l'Espagne, la Suisse, les Pays-Bas, le
Belgique, la Norvège, la Suède, l'Australie, la Nouvelle-Zélande et le Japon. Au
Etats-Unis également, le réseau AMTRAK s'est développé depuis sa création il y c
20 ans, et ce, parfois avec l'aide de prêts et d'équipement à la pointe du progrè
et qui n'était pas utilisé ici. Bref, *le Canada était l'exception* dans le cadre généra
de la renaissance du chemin de fer dans le monde entier.

Nous sommes controntés à la possibilité malheureuse d'une rupture politique
Nous sommes également les seuls dans le monde occidental à avoir laissé aller c
la déroute notre système de transport. Il y a un lien réel entre ces deux faits.

Un réseau de chemin de fer qui symbolisait en son temps la construction d'une
nation est devenu aujourd'hui le symbole de la rupture et de la désunion
Considérez cette statistique bouleversante. Montréal et Winnipeg sont des ville
importantes du Canada et certainement aucune d'entre elles n'est à l'extrémité du
pays. Mais, en mésurant la distance, non pas en kilomètres mais en temps et er
coût, il faut 41 heures et 229$ en train couchette et pour aller d'une ville à l'autre
(et on a abaissé la fréquence des trains à trois par semaine). En avion, il faut 3
heures et le billet coûte 499$, plus cher que les prix réduits courants d'un bille
d'avion aller-retour CANADA-EUROPE ou plus cher que le prix d'un billet allan
du Canada vers une destination au soleil (hôtel compris). Il est évident que l'on es
en train d'introduire dans le système le dégoût des voyages entre les grandes villes
du pays. Si c'est aussi difficile de pouvoir voyager dans son propre pays, il n'es
guère étonnant que celui-ci s'effondra. Il ne faut pas s'étonner non plus que les
Canadiens dépensent 10.708.000.000$ en voyages à l'étranger et 2.500.000$
en voyages vers les Etats-Unis d'une nuit ou plus.

Le transport et l'environnement

Le façon dont nous choisissons notre transport, que ce soit en tant que nation ou er
tant qu'individu, a des effets profonds sur l'environnement. Un train de 400 places
consomme 312,50 litres aux 100 km. Cela signifie qu'une personne pourra voy
ager 640 km en train en ne consommant que cinq litres d'essence. En comparaison,
une voiture peut parcourir 256 km par personne et ne consommer que 5 litres si la
voiture ne consomme que 8 litres environ aux 100 km et si l'on tient compte de 4
passagers à bord (ce que l'on voit rarement aux abords de la 401). Un train peu
transporter autant de passagers qu'une autoroute à quatre bandes avec une utilisation de terrain plus efficace. Si le GO-TRANSIT devait disparaître, l'autoroute
Gardiner devrait avoir 12 bandes pour contrôler le trafic. En fait, d'autres moyens

e transport (dont les avions) créent cinq fois plus de pollution et consomment trois
ɔis plus d'essence que les trains pour effectuer le même travail.

e transport et l'avenir du Canada

ɔ transport est un point aussi vital à l'avenir du Canada qu'il ne l'était au temps
le la Confédération et ce, afin d'améliorer notre environnement et rapprocher les
lifférentes villes du pays, quel que soit le Canada que nous aurons plus tard. Nous
levrions considérer un système de chemin de fer comme celui de l'Australie où,
ɔus les jours, les trains traversent un désert formidable où habite une population
ɑrsemée; ces trains sont contrôlés et dirigés par chaque état fédéré. Nous pour-
ions faire de même au Canada où le transport en chemin de fer pourrait être
lirigé et contrôlé par chaque province. Puisque les provinces sont responsables des
ɑutoroutes et que les chemins de fer sont plus avantageux que les autoroutes, les
hemins de fer intéressent plus de gens et une demande pour ces services se mani-
ɛste. Le GO-TRANSIT de l'Ontario ainsi que d'autres chemins de fer provinciaux
ɔonjointement avec VIA RAIL) dépassent largement les autres moyens de transport
ɔublics, tels que le bus et l'avion. Le Canada pourrait être le leader de ce continent
n fabriquant et en gérant des trains à grande vitesse, qui relieraient Montréal et
oronto en 2 heures seulement et le trajet Montréal-Winnipeg ne serait plus qu'une
imple journée d'excursion.

Tout comme la Manche a façonné la Grande-Bretagne, le tunnel sous la
Manche la refaçonnera en partie dans une Europe unie. De la même façon, un sys-
ɛme de transport repensé et reconstruit permettra de refaçonner le Canada. Nos
ɩstitutions politiques sont incapables de construire quelque chose qui ne soit pas
ɩssocié au transport. Nous n'avons besoin que de la volonté de le faire. Si le
ʳremier Ministre, Brian Mulroney, peut décider en une soirée, sans consultation du
ɑbinet ni du Parlement, d'engager le Canada dans une guerre sans en connaître
ɛs coûts, pourquoi ne peut-on prendre la décision d'utiliser nos dollars d'impôts
ɔour construire un système de transport composé de voitures, d'avions, de bus et
le trains, chacun faisant ce qu'il fait de mieux. A l'avantage de notre environne-
nent et de l'unité du Canada.

George Bechtel

Cartoon by Alex Tait
Courtesy of C.A.A.

Editor's Note
One rarely finds in Canada, or anywhere else for that matter, serious analy-
sis of the links between the economy and the environment. **LUC GAGNON**
takes this little travelled path to help us make the transition from an industrial
to an ecological society. Prepare to be thoroughly challenged by ...

Demoting the Automobile

In a liberal economic context, urban planning is often perceived as an assault
on individual liberty. So it can be very difficult to use planning to control spon-
taneous development. **As a result, the type and location of various activities is mainly determined by urban transportation.**

For several decades, the direct and indirect subsidization of the private
automobile has guaranteed its domination. Cities are then built in such a way
as to meet the needs of this form of transportation.

If the car has become essential in our society, it is strictly because the
cities have been designed around it. Parking space and traffic flow are more
important than dwellings. As Michel Jurdant so aptly states, our cities are
designed to be drivable rather than livable.

Priority for Public Transportation

The most effective way to oppose this trend is to do the opposite – make public
transportation the priority and subsidize it heavily. Making mass transit a priority is widely supported by ecologists, so the next question is **what are the pre-
ferred forms of public transportation**?

In large cities, the most frequent and least efficient choice is the underground subway. This type of system is extremely costly and drains funds
which, if used to develop other transportation alternatives, might serve two or
three times as many passengers.

Moreover, the subway actually favours car drivers by giving them a
monopoly on the surface above it. Another negative aspect of the subway is
that it offers some politicians the chance to point out the "public transit is not
cost-effective".

Other alternatives are the train or an above-ground "subway" system (like
Ontario's GO-TRANSIT). This kind of system is much less expensive to build
than an underground subway, but provides the same passenger-carrying
capacity. To conventional thinking this is a negative, competing for space
with the automobile – but ecological thinking sees only the positive side of
such a negative.

Lastly, there is the bus, the most versatile and the least costly alternative,
though it is not very popular because it is thought to be slow and polluting.
Those shortcomings, however, are caused by the lack of priority given to public
transportation. The speed problem could be solved by designating **reserved
bus lanes**, a policy that could be implemented at minimum cost and with little
delay (compared with the subway. If buses are slow it is because they are
caught in traffic congestion caused by automobiles).

The answer to pollution is equally straightforward if we accept the principle
of reserved lanes, and install electric trolley-buses or streetcars. For places

where it would be too difficult to run electric vehicles, the use of natural gas could reduce the pollution and noise from buses.

Reserved lanes have another obvious advantage: they use the **existing infrastructure** and take over this road space at the expense of private cars. For this reason they provide the most effective way to restore the balance between private and public transportation.

This, then, is **one essential in building ecologism: strong support for reserved bus lanes and surface trains**. Nothing will do more to improve the quality of urban life, make the city more liveable and reduce the excessive consumption of energy used for transportation.

Demoting the Automobile

We are not comtemplating a complete ban on the private car, which remains very useful in certain cases, particularly in a rural setting. In the urban environment, however, we must aim at de-emphasizing this means of transportation and making it less harmful.

The philosophy as well as the specific measures already outlined would make public transit more competitive, both in quality of service as well as cost and road space. The car would, therefore, become less "handy" in the city.

Making the Automobile Less Harmful

Promoting public transportation is the only positive way to approach the transportation issue. It is necessary, however, to be a little "negative" to give the full picture of the transportation problem. In other words, what harm does the automobile do?

As far as pollution is concerned, in the city the private car is responsible for most of those problems:

- various forms of air pollution (nitrogen oxides, carbon monoxide, lead, smog contributing to acid rain)
- noise pollution

The car is responsible for a number of human and social ills, particularly automobile accidents, but also respiratory diseases. The infrastructure around the use of the automobile is also damaging in several ways:

- it encourages business concentration and threatens the survival of small local operations
- it is the main cause of suburban sprawl, which exacts a high price from Quebeckers in commuting distances and "gnawing" away at our prime agricultural land.
- Cars consume a phenomenal amount of space: for instance, in the downtown areas of large Canadian cities, studies show that approximately 42% of the surface area is taken up by roads and parking space.

In economic terms, let us have no illusions about the benefits of the automobile industry. Quebec manufactures a very low percentage of its own cars and parts and annually imports nearly 2 billion worth of gas for its car transportation needs.

Given this assortment of negatives, we must examine the question of taxing car drivers ... a very sensitive subject, sure to anger many people if, because of taxes, they were no longer able to afford a car. A simple short-term solution is to ensure that taxes apply to the use of the automobile and not ownership.

In short, the car driver should pay his debt to society, but taxes applied for that purpose should not increase his fixed costs, only his variable costs. This means that traffic levels could be adjusted using such methods as tolls, taxes on parking or fuel and reduction of parking spots (near the workplace).

For those contending that car drivers are already paying enough on gas taxes alone, I want to cite a study undertaken in Paris, which comes to a striking conclusion. Just to cover the real costs of pollution, noise, traffic congestion and accidents, **the price of gas would have to be twelve times higher**.

We must, therefore, encourage the decentralization of employment so that people can live closer to their work place. And new employment centres should be located near public transit systems. We must also encourage medium-density residential development in downtown areas.

Even without resorting to taxation, there are many other ways of reducing the negative aspects of the private automobile. Here are a few methods that could be tried:

- to reduce pollution, there should be a major push towards converting cars (and other vehicles) from gas to natural gas. Contrary to popular opinion, natural gas is not a perfectly clean fuel, but it is much less polluting than gasoline. It is, incidentally, in the transportation sector that natural gas is of most value to Quebec, rather than for home use, where it would require a costly upgrade in the infrastructure.

– automobile accidents are a meaningless and unforgiveable tragedy. Just imagine the public outrage if each year in Quebec five Boeing 747's crashed, killing everyone on board: and sixty Boeing 747's crashlanded, injuring all 350 passengers. These figures exactly parallel the yearly number of highway accidents in Quebec. Why put up with such a disaster without protest? It is imperative to deal with this situation by imposing a steep increase in fines and licence suspensions for those who drive dangerously or under the influence of alchohol. Driving a car is a right only insofar as one accepts the responsibility involved.

Reprinted courtesy TING

VIA in the Fraser River Canyon, B.C.

Photo by Alex Mayers, courtesy Passenger Train Journal

Note de l'Editeur
*On trouve rarement au Canada, ou ailleurs en effet, des gens qui poursuivent le
voie analytique entre l'économie et l'environnement.* **LUC GAGNON** *prend ce
chemin très peu exploré afin de nous aider à faire la transformation d'une société
industrielle vers une société écologique. Preparez-vous d'être provoqué par ...*

Rendre l'automobile inutile

Dans un contexte d'économie libérale, la planification urbaine est souvent perçue
comme une atteinte à la liberté des individus. C'est pourquoi il est très difficile
d'utiliser la planification pour contrôler le développement spontané. La conséquence de cette situation, c'est que **le principal facteur qui détermine la forme et
la localisation des activités, c'est le transport urbain**.

Depuis plusieurs décennies, les subventions directes et indirectes à l'automobile
privée ont assuré sa domination. Les villes se sont alors bâties de façon à satisfaire
les besoins de ce mode de transport.

Si les automobiles semblent essentielles dans notre société, c'est uniquement
parce que toutes les villes sont conçues en fonction d'elles. Les stationnements et les
voies de circulation sont plus importantes que les résidences. Comme le résume
clairement Michel Jurdant, nos villes sont conçues pour êtres circulables au lieu
d'être habitables.

La priorité au transport public

La technique la plus efficace pour contrer cette tendance, c'est de faire l'inverse,
c'est-à-dire d'accorder la priorité au transport public et de le subventionner
massivement

Cette priorité au transport en commun est largement supportée par les écologistes et il faut surtout se demander **quels sont les moyens de transport public à
privilégier?**

Dans les grandes villes, le choix le plus fréquent et le moins efficace est le
métro souterrain: ce mode est extrêmement coûteux et draine des fonds qui, par un
autre mode, pourraient desservir deux ou trois fois plus d'usagers. De plus, i
favorise surtout les automobilistes en leur donnant le monopole de la surface. Le
métro souterrain est également nuisible car il permet à certains politiciens de dire
que «le transport public n'est pas rentable».

Un deuxième moyen est le train ou le métro de surface: ce mode est beaucoup
moins coûteux à construire que le métro souterrain, tout en ayant la même capacité; selon la perception traditionnelle, il a cependant l'inconvénient de nuire à la
circulation automobile; selon la perception écologique, ce défaut devient une
grande qualité.

Il y a finalement l'autobus, qui est le moyen de transport public le plus versatile
et le moins coûteux; ce mode n'est pas très populaire parce que considéré comme
lent et polluant.

Par contre, ces deux défauts sont dus uniquement au fait que nous n'accor-
dons pas la priorité au transport public. Il suffit d'aménger, à des coûts minimes et
dans des délais extrêmement courts (en comparaison avec le métro), des **voies
réservées pour autobus** pour solutionner complètement le problème de vitesse. (Si
les autobus sont lents, c'est avant tout parce qu'ils sont pris dans la congestion des
automobiles).

La solution au deuxième problème, la pollution, est également très simple si nous acceptons le principe des voies réservées: il suffit d'utiliser des autobus électriques ou des tramways. Pour les endroits où l'implantation de véhicules électriques est difficile, le gaz naturel pourrait être utilisé pour réduire la pollution et le bruit des autobus.

Les voies réservées ont une autre qualité peut-être trop évidente: elles peuvent utiliser des **infrastructures existantes** et cet espace est accaparé au détriment de l'automobile privée. C'est pour cette raison qu'elle représente la solution la plus efficace pour rétablir un équilibre entre le transport privé et le transport public.

Voilà donc **une priorité essentielle d'un écologisme constructif: la lutte en faveur des voies réservées pour autobus et en faveur du métro de surface.** Aucune autre lutte ne semble plus efficace pour améliorer la qualité de la vie urbaine, rendre la ville plus vivable et ainsi réduire la consommation excessive d'énergie dans les transports.

Rendre l'automobile inutile

On ne peut pas envisager l'interdiction de l'automobile privée qui demeure très utile dans certains cas, particulièrement en milieu rural. En milieu urbain, il faut cependant viser à rendre ce mode de transport inutile et moins nuisible.

Les orientations et les mesures décrites précédemment rendront le transport en commun plus compétitif tant sur le plan de la qualité des services que sur ceux de la rentabilité et de l'équité. L'automobile deviendra moins «utile» en milieu urbain.

Rendre l'automobile moins nuisible

La promotion du transport en commun est la seule façon positive d'aborder la question du transport. Il faut cependant être un peu «négatif» pour avoir un portrait global du problème des transports. En d'autres mots, quelles sont les nuisances occasionnées par l'automobile?

En ce qui concerne la pollution, l'automobile privée est responsable de la plupart des problèmes en milieu urbain:
- pollution de l'air sous diverses formes (oxydes d'azote, monoxyde de carbone, plomb, «smog», contribution aux pluies acides);
- pollution par le bruit.

Elles est aussi responsable de plusieurs fléaux humains et sociaux, particulièrement les accidents d'automobile, mais aussi les maladies respiratoires.

En ce qui concerne l'aménagement, les effets sont désastreux sur plusieurs plans:
- l'automobile favorise la concentration des activités commerciales et, de ce fait, empêche la survie des petits commerces de quartier;
- elle est la principale responsable de la dispersion résidentielle qui coûte très cher aux Québécois en multipliant les distances à parcourir et en «rongeant» nos meilleures terres agricoles;
- elle consomme une quantité phénoménale d'espace; par exemple, dans les centre-villes des grandes villes canadiennes, une étude a révélé qu'environ 42% de la superficie était consacrée aux routes et aux stationnements.

En termes économiques, il ne faut pas se faire des illusions sur les bienfaits de l'industrie automobile puisque le Québec fabrique un très faible pourcentage des automobiles et des pièces qu'il consomme et qu'il importe annuellement près de 2 milliards en pétrole pour le transport automobile.

Selon cette panoplie de nuisances, il faut donc se demander comment taxer les automobilistes? Ce sujet est délicat parce que plusieurs citoyens seraient très en colère si, pour des raisons fiscales, ils devenaient incapables de se payer une voiture. La solution à ce problème est simple: à court terme, les taxes doivent viser à décourager **l'utilisation** de l'automobile et non pas sa possession.

En somme, il faut faire payer à l'automobiliste les dépenses qu'il occasionne à la société; les taxes à cet effet ne doivent cependant pas faire augmenter ses coûts fixes mais uniquement ses frais variables. En termes pratiques, le contrôle de la circulation doit donc être réalisé par des techniques telles que les péages, les taxes sur les stationnements ou sur le carburant et la réduction du nombre de stationnements (près des centres d'emplois).

Pour ceux qui affirment que les taxes actuelles sur l'essence constituent une cotisation largement suffisante des automobilistes, je désire citer une étude réalisée à Paris qui arrive à une conclusion percutante (1). Uniquement pour couvrir les coûts de la pollution, du bruit, de la congestion et des accidents, **le prix du carburant devrait être multiplié par douze.**

- Favoriser la déconcentration des emplois, pour permettre aux gens de vivre plus près de leur emploi. Les nouveaux centres d'emplois doivent cependant êtres situés à proximité des réseaux de transport public.
- Favoriser les développements résidentiels de moyenne densité dans les centre-villes.

Sans utiliser les taxes, il existe également de nombreuses autres façons pour réduire les aspects négatifs de l'automobile privée. Voici quelques mesures qui peuvent être appliquées pour réduire les impacts:

- Pour réduire la pollution, il faut favoriser massivement la conversion des automobiles (et autre véhicules) de l'essence vers le gaz naturel. Contrairement à la perception traditionnelle, le gaz n'est pas un combustible parfaitement propre, mais il est beaucoup moins polluant que l'essence. C'est d'ailleurs dans le secteur des transports que le gaz naturel peut produire des bienfaits au Québec, et non pas pour desservir les habitations où il représente un coûteux dédoublement des infrastructures.
- Les accidents d'automobiles constituent une tragédie absurde et impardonnable. Imaginez la révolte de l'opinion publique si, **à chaque année au Québec**, 5 avions Boeing 747 s'écrasaient en tuant tous les passagers, et 60 Boeing 747 faisaient des atterrissages en catastrophe, blessant gravement les 350 Québécois à son bord. C'est exactement le bilan des accidents de la route au Québec. Pourquoi tolérer un tel désastre sans réagir? Il faut absolument intervenir en augmentant dramatiquement les amendes et les suspensions de permis pour ceux qui conduisent dangeureusement ou en état d'ébriété. Conduire une automobile n'est un droit que dans la mesure où l'on accepte les responsabilités que cela implique.

(When answering these questions please use the pages provided at the end of the book.)

(En répondant à ces questions, utiliser s'il vous plaît les pages à la fin du livre.)

Question 5

A) "Given that the automobile is responsible for 50% of the air pollution in Canadian cities, and uses 42% of downtown space for roads and parking, we should, therefore, ban its use in our downtown areas."

A) Etant donné que l'automobile est responsable pour 50% de la pollution aérienne dans les centres-villes Canadiennes; et que 42% de la superficie est occupée par des routes et des stationnements, nous devrions interdire les autos de circuler dans nos centres-villes.

Strongly Agree

Agree

Disagree

Strongly Disagree

Not Sure

Other

☐ Très d'accord

☐ D'accord

☐ Pas d'accord

☐ Pas de tout d'accord

☐ Pas sûr

☐ Autre

B) Officially, Canada's passenger rail service was cut in half because it was not cost effective. In your opinion, are there other Canadian public or private enterprises that are Government supported and are also not cost effective? (List).

B) Officiellement, au Canada, le transport ferroviaire des passagers a été coupé en deux parce qu'il n'était-pas rentable. A votre avis, y a-t-il d'autres entreprises Canadiennes, publiques ou privées, qui sont soutenues par le gouvernement et qui ne sont pas reutable non plus? (Specifiez).

C) Do you see a different approach to transportation in Canada's environmental future and, if so, how would it differ from what we have today? (Specify).

C) Dans l'avenir environnemental du Canada, voyez-vous une changement d'orientation envers le transport et, si oui, que serait transformé d'aujourd'hui?

Editor's Note

JOLDINE LEE is an architect with a degree in Environmental Studies as well. For some time she has had a particular concern for the growing crisis in waste management. She is interested in finding new uses for old materials and helping to reverse the "throwaway" mentality of our disposable society. Here are some of her observations on the three R's, shared with the Citizen's Forum on Canada's Future ...

Recycling is now practised in many Canadian communities, with fine paper, newsprint, glass, metals and some plastics being the most easily handled. The pressure is on to find ways of recycling everything imaginable and we might, therefore, assume that something wonderful is being done. Not necessarily. Of the three R's, Reduce and Re-use rank first and second: only then should Recycle be considered. In effect, recycling is a re-manufacturing process, consuming energy and creating pollution by putting the material through shipping, sorting, cleaning, reprocessing and repackaging. Some recycled materials are proving to have rather limited uses. For instance, the plastics recycling industry tends to focus on the production of plastic benches. The annual volume of discarded plastic packaging in North America is 8 million tonnes – enough to produce 118 million plastic park benches yearly. At that rate, in two or three years each of us would be able to furnish our entire homes in recycled plastic furniture. Is this the best possible use for a resource that was originally non-renewable oil?

A more innovative response can be found in California, where discarded ceramic bathroom fixtures are being kept out of the landfill and recycled into road patch. Closer to home, Alberta inventors are turning glossy paper (like magazines and junk mail) into roofing shingles.

While such ideas are useful in dealing with unavoidable waste, we must give more emphasis to Reduction and Re-Use. "Reduction" demands that convenience, disposability and flashy packaging must make way for new cultural patterns. "Re-Use" means acknowledging we cannot buy our way to happiness, that the answer to any problem is not a new technological breakthrough and that "enough" is actually less than most of us in North America have today. The solution is often easier than we realize, if only we can learn to repair or find new uses for old things. Here are some ideas to do just that – not an exhaustive list, but enough to start a train of thought that good things can happen for the environment, when inventive minds and financial incentive are combined.

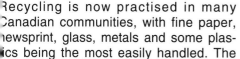

Excess Packaging accounts for over 50% of the volume of goods sold. In some cases the box is nine-tenths of the weight of usable product. Most of this excess is devoted to "distinctive marketing pull", plus "ease of use" in single serving containers. Consumers, becoming increasingly aware of this, have suggested that products be subject to an excess packaging tax. Where there is a legitimate need for packing material to cushion a product for shipment, an environment-friendly substitute for styrofoam chips is popcorn.

Bulk   Many materials now sold in disposable containers should, instead, be available in bulk – motor oil, shampoo, most dry foods for example. There could be a surcharge for sturdy containers that can be reused for the same product. Some innovative stores are providing household items – such as dish-washing liquid, vinegar, soaps etc. – without containers, so that purchasers are obliged to bring and reuse their own receptacles.

Paper Saving   To cut waste in half, all photocopiers should be equipped to print on both sides of the paper. Landfill sites should not allow the dumping of fine paper, which can be totally recycled. My own effort is to retrieve discarded paper that has been printed on one side. It can then be die-cut, folded and glued into envelopes with the print on the inside. This paper would otherwise be recycled – a process that requires shredding, soaking in quantities of water de-inking with bleach and re-manufacturing into sheets, using more resources and adding to pollution. So far my envelopes have diverted over 8 tonnes of waste paper or the equivalent of saving 120 trees (see page 116).

Glass   Disposable glass that may be recycled is a poor substitute for returnable glass that may be reused. The only glass that needs recycling is broken glass. The rest should be manufactured in a number of standard shapes sizes and closures for various types of product. Refundable deposits should be obligatory.

Junk Mail   The use of the public mails for unsolicited advertising material - "junk mail" – could be made prohibitively expensive, with the exception of non-profit organizations. In addition, it could be legally mandated for anyone to refuse acceptance of such mail by displaying a sticker to that effect. The mix of different papers in these mailings usually makes Re-Use or Recycling impossible.

Eating Utensils   In many cultures it is customary to carry with you some utensils, such as a small bowl, cup, chopsticks etc. We might learn to adopt this habit, instead of using disposable dishes, paper or foam cups, plastic cutlery. A small waist-pack kit could even be sold at fast food restaurants.

Used Tires   Tire Derived Fuels (TDF) is a technology developed and used in many parts of the world, replacing high-sulphur coal with low-sulphur tire scrap This scrap can also be re-processed as a rubberized substitute for ashphal paving. In Third World countries, used tires are cut to make shoe soles. Oddly enough, on this continent, the soles of our shoes are specially designed to resemble ... tire treads!

Landfill Mining   There is enough varied material in existing landfill sites to view them as a resource to be mined, with the techniques of recycling applied retroactively. There are hazards to this, however. Toxic materials, buried before the imposition of controls, will be uncovered unpredictably, leaving workers at risk. Mechanized methods, protective clothing and enclosure may be required. Some sites may be too dangerous to reclaim, but identification of these trouble spots will, at least, help nearby residents to campaign for remedial action.

Methane   This gas is also available from landfill sites and contributes greatly to the greenhouse effect. It could, however, be biologically encouraged, trapped under a dome and burned as a substitute for other forms of energy. Similar approaches have been used in other parts of the world in sewage disposal processing.

To conclude, I believe that Canada could lead the world as an example of high environmental standards and innovative solutions to pollution problems and the garbage crisis. Although the emphasis today favours Recycling, the primary need is to encourage Reduction and Re-Use, with monetary and research support for people willing to experiment with low-energy strategies to reclaim difficult materials. We must consider legislation restricting junk mail, mandating bottle deposits, rejecting fine paper at landfills, limiting packaging and the use of plastic for "disposable" items.

Above all, we need to shift our values away from the disposable to the non-disposable society of the future: to counter the 'new is best' message of consumer advertising with the idea that 'less is better' and 'good things become treasures with age'.

Editor's Note
LUC GAGNON *was among the early "pioneers" of recycling and wrote about it*
in some detail in 1985, hoping to develop a plan for Montreal to adopt. Six
years later the idea has not yet taken hold in Quebec as strongly as it in
many other parts of Canada. But looking now at what **Luc Gagnon** *wrote six*
years ago, we can fully realize how far ahead of the pack he has been in his
thinking. Here's the piece that foretold what so many of us simply take for
granted now – Luc on ...

Developing a Recycling Industry

"Montreal alone, home to more than three million inhabitants,
produces 574,656 tonnes of waste each year. The garbage cans
of the metropolis overflow and spill with impunity into the foun-
dations of our future.

"But within this pile of rubbish lies an impressive quantity of
recuperable material: 50,000 tonnes of newsprint and 26,000
tonnes of glass per year, not to mention fabric, metals, etc ...

"As an illustration of what our garbage cans can cost us, here
is an explicit example: in the metropolitan area, we can figure a
daily loss of 1,574 tonnes of newsprint, craft paper, fine paper,
glass and textile."

(Energie Inc. 1984)

I would like to propose a scenario which would allow Quebec to take a
giant step towards becoming a recycling society. The strategy would be
aimed at materials recovery groups (existing or to be created) and at regional
municipalities.

1. First, the municipalities, working in tandem with local materials recovery
   groups, must prepare a preliminary action-plan for the Ministry of Municipal
   Affairs within a maximum 18 month timeframe.
   This plan must deal with the following points:
   – the respective responsibilities of the various participants;
   – a public awareness and action campaign, to encourage source
     separation;
   – a plan for reinstating collection services so that in future the trucks
     will be able to make scheduled collections on a selective basis;
   – drafting of rules for sorting household waste into categories; at the
     very least residents must sort household waste into two categories:
     recyclable materials (paper, paperboard, glass, metal, plastic); and
     compostable matter (table waste).
   – installation within each region of one or more recycling depots to
     handle (sort, warehouse, administer) and sell the various categories
     of recovered materials. These centres must be on a scale large
     enough to negotiate effectively with industries likely to use these raw
     materials.

- schedule and conduct feasibility study by waste category.

If the local materials recovery groups and the regional county municipalities are unable to come to an agreement, two separate plans could be submitted to the Ministry of Municipal Affairs. The Ministry would then have the authority to choose the more effective of the two.

2. Once the preliminary plan is approved by the Ministry, it must be put into effect within one year.

Using such an approach, Quebec could equip itself with a decentralized recovery and recycling network, with local groups acting as leaders in this sector. Using such an approach, public involvement is essential, not only because source separation considerably streamlines the regional centres' activities, but also because source separation is the best method of increasing public awareness of our excessive consumption.

The advantages of such a program are very significant:

- Job creating in every region of Quebec;
- A recovery program's cost-effectiveness is simple to establish since it is essentially a matter, for society, of substituting manpower for resource consumption; as we face a surplus of labour and a dwindling of resources, it is logical to replace the resources with jobs.

Note de l'Editeur

*JOLDINE LEE est architecte et détient également un diplôme d'études environnementales. Elle est particulièrement dévouée à la crise grandissante des déchets solides. Son intérêt vise à rechercher de nouvelles methodes d'utilisation des materiaux désuets dans le but d'initier un changement à la mentalité de gaspillage que nous propose la société moderne. Par cet extrait, **Joldine Lee** a voulu faire partager à la Comission Spicer le fruit de ces recherches et observations sur la Réduction, la Récupération et la Recyclage des déchets.*

Le recyclage est maintenant pratiqué dans plusieurs communauté; le papier fin, papier journal, verre, métal, et certains plastiques étant les articles les plus facilement recyclés. La pression est là pour trouver des façons de recycler à peu près tout ce qu'il y a d'imaginable, et par conséquent, on peut avoir l'impression que beaucoup de choses se font. Pas nécessairement. Des trois R, Réduction et Réutilisation se rangent premier et deuxième: c'est seulement après que les deux premiers aient été considérés que le Recyclage devrait être envisagé. En effet, le recyclage est un processus de re-fabrication, demandent de l'énergie et créant de la pollution en expédiant, triant, nettoyant, transformant à nouveau et réemballant le matériel. Par exemple, l'industrie du recyclage du plastique a tendance à mettre l'accent sur la fabrication de bancs de plastique. Le volume annuel de déchets d'emballage de plastique en Amérique du Nord est de 8 millions de tonnes – suffisamment pour produire 118 millions de bancs de parc en plastique par année. A ce rythme, dans deux ou trois ans, chacun de nous sera en mesure de meubler entièrement sa maison à partir des meubles fabriqués avec le plastique recyclé. Mais est-ce la meilleure utilisation pour une ressource qui originalement était une huile non-renouvelable?

En Californie, on a trouvé une réponse plus innovatrice où les déchets de céramiques des salles de bain ne se retrouvent pas dans les dépotoirs mais sont recyclés et utilisés pour réparer les chaussées. Plus près de chez nous, des inventeurs d'Alberta transforment le papier glacé (comme ceux des revues et dépliant publicitaires) en bardeaux pour la couverture des toits.

Alors que de telles idées utiles pour venir à bout des déchets qui sont inévitables, nous devons accentuer davantage sur la Réduction et la Réutilisation La "Réduction" exige que l'emballage de convenance ou pour le tap-à-l'oeil doit faire place à de nouveaux models culturels. "Réutilisation" signifie la reconnaissance du fait que nous ne pouvons pas acheter notre sentier vers le bonheur, que la réponse à n'importe quels problèmes n'est pas une découverte technologique, et que "assez" est en fait moins que la plupart de nous, en Amérique du Nord avons aujourd'hui. La solution est souvent plus facile que nous ne le réalisons, si seulement nous pouvons apprendre à réparer ou trouver de nouveaux usages pour de vielles choses. Voici quelques idées pour faire ne serait-ce que celà – ce n'est pa une liste complète, mais c'est assez pour démarrer une chaine de pensée – le bonnes choses pour l'environnement peuvent survenir lorsque l'esprit créatif et l'incitation financière sont combinés.

L'emballage excessif compte pour plus de 50% du volume des biens vendus. Dans certains cas, la boîte correspond à neuf dixième du poids du produit utilisable. Le plus gros de cet excès est consacré à la commercialisation du produit ou vise à en faciliter l'usage. Les consommateurs et consommatrices, qui sont de plus en plu conscients de cela, ont suggéré que les produits solent assujettis d'une taxe d'emballage. Là où il y a un besoin légitime d'emballage pour protéger le produit durant l'expédition, le mais soufflé peut être substitué avantageusement du point de vue environnemental, aux morceaux de polystyrène.

Produits en vrac Plusieurs matériaux vendus maintenant dans des contenants non-réutilisable devraient à la place être disponible en vrac tel, par exemple l'huile à moteur, le shampoo et la plupart de la nourriture sèche. Il pourrait y avoir

un coût supplémentaire pour les contenants solides qui peuvent êtres réutilisés pour le même produit. Certains magasins innovateurs fournissent de produits de maison tel le liquide pour la vaisselle, le vinaigre, les savons, etc, – sans les contenants, de sorte que les acheteurs et acheteuses son obligés d'apporter et réutiliser leurs propres contenants.

Economie de papier Affin de couper de moitié le gaspillage tous les photocopieurs devraient être équipés de façon à imprimer sur les deux côtés de la feuille. Les dépotoirs ne devraient pas permettre le

116

décharge de papiers fins, qui peuvent être totalement recyclés. Mon effort personnel consiste à ramasser le papier jeté qui n'a été imprimé que d'un seul côté. Il peut ensuite être découpé, plié et collé pour faire des enveloppes dont le côté imprimé est placé vers l'intérieur. Ce papier serait autrement recyclé – un processus qui nécessite le déchiquetage, le trempage dans de grande quantité d'eau, la dissolution de l'encre à l'aide d'eau de javel et la nouvelle fabrication de feuilles, utilisant ainsi plus de ressources et polluant davantage. Jusqu'à maintenant, mes enveloppes ont sauvé plus de 8 tonnes de papiers usés ou l'équivalent de 120 arbres.

Le verre   Le verre non-réutilisable qui peut être recyclé est un pauvre produit de remplacement pour le verre consigné qui peut être réutilisé. Le seul verre qui a besoin d'être recyclé est le verre brisé. Le reste devrait être fabriqué en respectant des formes, grandeurs, et ouvertures standards pour différents types de produits. Les dépôts remboursables devraient être obligatoires.

Dépliants publicitaires dans vos boîtes aux lettres   A l'exception des organizations à but non-lucratif, l'utilisation du système publique du courrier pour la publicité non-sollicitée pourrait être plus dispendieuse de façon à décourager cette pratique. De plus, une loi pourrait être adoptée qui permettrait à quiconque de refuser de recevoir ce type de courrier en affichant un auto-collant à cet effet. Le mélange de différents papiers dans ce type de courrier rend habituellement la Réutilisation ou le Recyclage impossible.

Ustensiles   Dans plusieurs cultures, c'est la coutume de transporter avec soi quelques ustensiles, tels un petit bol, une tasses, des baguettes, etc. On pourrait développer cette habitude au lieu de se servir de la vaisselle non-réutilisable, des tasses de papier ou de polystyrène et des ustensiles de plastiques. Un petit sac à ustensiles réutilisables pourrait même se vendre dans les restaurants «fast food».

Pneus usés   Les fuels dérivés des pneus (F.D.P.) (Tire Derived Fuels – TDF), est une technologie développée et utilisée dans plusieurs parties du monde, remplaçant le charbon à haute teneure en souffre par les fragments de pneus à basse teneure en souffre. Ces fragments peuvent aussi être re-manufacturés en un produit de remplacement de caoutchouc pour les chaussées d'asphalte. Dans les pays du tiers-monde, les pneus usés sont découpés pour en faire des semelles de souliers. Etrangement, sur ce continent, les semelles de nos souliers sont conçues de façons à ressembler à ... des chapes de pneus!

L'exploitation des dépotoirs   Il y a une suffisante variété de matériels dans les dépotoirs pour être considérés comme une ressource à exploiter, en appliquant les techniques de recyclage de façon rétroactive. Il y a cependant des risques à cela. Les matériaux toxiques, enterrés avant l'imposition de réglementations, seraient libérés de manière imprévisible, mettant à risque les travailleurs et travailleuses. Les méthodes mécanisées, vêtements de protection et clôtures pourraient être nécessaire. Quelques sites pourraient être trop dangereux pour être récupérés, mais l'identification de ces sites-problèmes aideraient au moins les résidents du voisinage à faire campagne pour des actions correctives.

Méthane   Ce gaz est aussi présent dans les dépotoirs et contribue largement à l'effet de serre. Toutefois, on pourrait par des méthodes biologiques, retenir ce gaz sous un dôme et le brûler pour servir comme produit de remplacement pour d'autres formes d'énergie. Des approches semblables ont été utilisées dans d'autres parties du monde dans les processus de disposition des égoûts.

Pour conclure, je crois que le Canada pourrait être en tête mondialement e servir d'exemple par ses standards environnementaux élevés et ses solutions inno vatrices aux problèmes de pollution et à la crise des déchets. Même si l'emphase d'aujourd'hui favorise le recyclage, le besoin primordial est d'encourager la Réduction et la Réutilisation, avec un support monétaire et pour la recherche au gens voulant expérimenter les stratégies à faible demande d'énergie. Nou devons considérer l'établissement de lois restreignant le courrier publicitaire instituant un dépôt obligatoire pour les bouteilles, rejetant le papier fin dans le dépotoirs, limitant l'emballage et l'utilisation de plastiques pour fin de fabricatior d'articles non-réutilisables.

Par dessus tout, il est nécessaire de changer nos valeurs, d'une société de gaspillage à une société de biens durables du future: aller à l'encontre du message «nouveau c'est mieux» de la publicité adressée aux consommateurs et consom matrices et promouvoir l'idée que «moins c'est préférable» et que «les meilleure choses deviennent trésors avec l'âge».

Note de l'Editeur
LUC GAGNON fut parmi les premiers «pioniers» dans le domaine de la récupération. En 1985, il a produit certain écrits sur le sujet, dans l'espoir de developper un plan d'action qui soit adopté par la ville de Montréal. Six ans plus tard, l'idée de la récupération des déchets n'a pas vraiment pris son envol au Québec comparativement à bien d'autres regions du Canada. En prenant un peu de recul sur les efforts de Gagnon, on peut facilement le qualifié d'avant-gardiste dans le domaine de la récupération. Le document DEVELOPPER UNE INDUSTRIE DE LA RECYCLAGE nous présente ce que plusieurs parmi nous ont tendance à prendre pour acquis dans la société d'aujourd'hui ...

Le développement d'une industrie du recyclage

«Montréal, région de plus de trois millions d'habitants, produit à elle seule 574,656 tonnes de déchets chaque année. Les poubelles de la métropole débordent et se déversent impunément dans le sous-sol de notre avenir.

Or parmi les détritus se glisse une quantité impressionnante de matières récupérables: retenons en particulier 50,000 tonnes de papier journal et 26,000 tonnes de verre annuellement, sans parler du textile, des métaux, etc ... »

«Afin d'illuster le prix de nos poubelles, voici un exemple explicite: dans la région métropolitaine, on a pu relever une **perte quotidienne** de 1,574 tonnes de papier journal, papier Kraft, papier fin, de verre et textile».

(Énervie Inc. 1984)

Je propose ici un scénario qui permettra au Québec de faire un grand pas vers une société de récupération et de recyclage. La stratégie s'appuie sur les groupes de récupérateurs (existants ou à créer) et sur les Municipalités régionales de comté (M.R.C.).

1. Dans un premier temps, les M.R.C., en concertation avec les groupes locaux de récupérateurs, devront préparer un plan d'action préliminaire pour le Ministère des Affaires municipales dans un délai maximum de 18 mois.
   Ce plan devra traiter des points suivants:
   - les responsabilités respectives des divers intervenants;
   - une stratégie de sensibilisation de la population, et d'animation, devant soutenir le tri à source;
   - un plan de réaffectation des services de cueillette des déchets pour faire en sorte que les camions puissent désormais faire des cueillettes sélectives;
   - l'éstablissement de règles pour le tri des déchets domestiques en catégories; au minimum, les citoyens devraient trier leurs déchets en deux catégories, c'est-à-dire les matières récupérables (papier, carton, verre, métaux, plastiques) et les matières compostables (déchets de table);
   - mise en place, à l'intérieur de chaque région, d'un ou plusieurs centres de récupération ayant pour fonction la gestion (tri, entreposage, administration) et la revente des diverses catégories de produits récupérés. Ces

centres devront être assez gros pour profiter d'un bon pouvoir de négociation face aux industries susceptibles d'utiliser ces matières premières;
- échéancier et étude de rentabilité par catégorie de déchets.

S'il y a impossibilité d'entente entre les groupes locaux de récupération et la
M.R.C., deux plans distincts pourront être présentés au Ministère des Affaires
municipales. Le Ministère aura alors l'autorité de choisir le plan le plus efficace.

2. Une fois ce plan préliminaire accepté par le Ministre, il devra commencer à être
appliqué dans un délai d'un an

Avec une telle approche, le Québec se dotera d'un réseau de récupération
et de recyclage décentralisé, où des groupes locaux pourront continuer à être
des leaders dans ce domaine. Avec une telle approche, l'implication des
citoyens est essentielle, non seulement parce que le tri à la source permet de sim-
plifier considérablement les activités des centres régionaux, mais aussi parce
que le tri à la source est la meilleure méthode pour sensibiliser la population
face à notre consommation excessive.

Les avantages d'un tel programme sont très importants:
- Création de nombreux emplois dans toutes les régions du Québec.
- La rentabilité d'un programme de récupération est facile à établir parce
  qu'il s'agit esentiellement, pour la société, de substituer une consommation de ressources par une consommation de main-d'oeuvre; comme
  nous faisons face à un surplus de main-d'oeuvre à des pénuries de
  ressources, il est logique de remplacer les ressources par des emplois.
- La récupération réduirait dramatiquement nos problèmes de dépotoirs et
  sites d'enfouissement.
- Le Québec réduirait sont gaspillage de ressources et deviendrait ainsi
  plus indépendant en ressources.

(When answering these questions please use the pages provided at the end of the book.)

(En répondant à ces questions, utiliser s'il vous plait les pages à la fin du livre.)

Question 6

A) "In order to avoid the growing garbage crises in North America and to create a conserver society, we must begin immediately to introduce legislation against the dumping of materials that can be recycled, composted or re-used."

A) «Pour éviter la crise de déchets qui menace l'Amérique du Nord et pour créer une société conservatrice, nous devons commencer immédiatement à introduire des lois contre l'enfouissement des matériaux recyclables, compostables ou réutilisables.»

Strongly Agree

Agree

Disagree

Strongly Disagree

Not Sure

Other

☐ Très d'accord

☐ D'accord

☐ Pas d'accord

☐ Pas du tout d'accord

☐ Pas sûr

☐ Autre

B) Of all the waste that you produce, list the things that cannot be recycled, composted or re-used.

B) Faites une liste, s'il vous plait, de tous les déchets que vous produisez qui ne peuvent pas être ou recyclés, ou compostés ou réutilisés.

C) If the garbage dump is the symbol of the throwaway society of today, what do you see as the symbol of the environmental society of the year 2,000?

C) Si le dépotoir symbolise la société gaspilleuse d'aujourd'hui, que verrez-vous comme symbole de la société environnementale de l'année 2,000?

IT COMES ALL ASSEMBLED... THEN IT SLOWLY DECONSTRUCTS...

CANADA MODEL COUNTRY

Part III
Our Government, Our Constitution, Our Environment

An Open Letter to Mr. Keith Spicer
Chairman of the Citizen's Forum on Canada's Future

Dear Mr. Spicer,

The maple leaf is being further riddled with acid rain when the "Spicer Commission" pursues an emphasis on culture and the French-English question in its discussion with citizens about issues facing Canada now and in the future. The tree falls to the axe only to be converted into paper which boasts a report of thousands of words at millions of dollars, raising an additional issue, that of exorbitant costs of government and the mistrust this engenders among citizens.

The challenges facing us are complex, interrelated and global. We must no longer separate issues of environmental deterioration and destruction, excessive military expenditures and growing disparity between rich and poor, either here in Canada or worldwide. Weight should have been given these many concerns in your discussion outline, with an emphasis, not on issues, but on values. Through our values, governments and citizens develop the will to change.

The most insistent call to action is to governments. Our government must have a vision of the future from which to identify values and principles and then courageously and creatively be guided by them. You have heard from numerous citizens of Canada, some of whom see the larger picture and appreciate its urgency. I hope that this Commission is able to take both a national and global view from which to plan strategies for action based on strong values which reflect the interrelatedness of all the essential aspects of our lives.

Sincerely,

Margaret Motz
Board Member
Turnaround Decade Group

Partie III
Notre Gouvernement, Notre Constitution, Notre Environnement

Une lettre ouverte à M. Keith Spicer
Le président du Forum des Citoyens sur l'avenir du Canada

Cher M. Spicer,

La feuille d'érable est encore criblée de pluies acides pendant que la «Commission Spicer» continue à mettre l'accent sur la culture et la question anglais/ français dans ses discussions avec les citoyens sur les problèmes qui confrontent les Canadiens à l'heure actuelle dans l'avenir. L'arbre tombe à la hache, rien que pour être transformé en papier qui se vante de devenir un rapport qui compte des milliers de mots, au coût de millions de dollars; ce qui soulève une question supplémentaire, celle du coût exorbitant du gouvernement et le manque de confiance que tout cela engendre chez les citoyens.

Les défis auxquels nous faisons face sont complexes, entrelacés et globaux. Nous ne devons plus séparer les questions de la détérioration et destruction de l'environnement, des dépenses militaires excessives, et de la disparité croissante entre riches et pauvres, ni ici au Canada ni à travers le monde. Du poids aurait dû être donné à ces nombreuses questions sur votre profil de discussion, et l'accent mis non pas sur les questions, mais sur les valeurs. C'est à travers nos valeurs communes que les gouvernements et les citoyens pourront développer la volonté de changer.

L'appel à l'action le plus urgent est aux gouvernements. Il est essentiel que notre gouvernement ait une vision de l'avenir, de laquelle il peut distiller ses valeurs et ses principes afin de se laisser guider courageusement et créativement. Vous avez reçu des communications de nombreux citoyens du Canada, dont quelques uns voient cette perspective élargie et en apprécient l'urgence. J'espère que cette commission pourra prendre une perspective qui soit à la fois nationale et globale, de laquelle il pourra se formuler des stratègies d'action fondées sur des valeurs solides qui rêflétent les liens qui existent entre tous les aspects de notre vie.

Sincèrement,
(Margaret Motz)

Editor's Note
DEBORAH COYNE, a member and Advisor of the Turnaround Decade Group, chooses to live simply and enjoys backpacking around South America or China whenever she can. She was educated at Queens, Osgoode Hall and Oxford University and is the Director of the Constitutional Policy Branch for the government of Newfoundland and Labrador. She was a co-founder of the Coalition for the Canadian Constitution and, in this excerpt from the June 1991 issue of Policy Options Magazine, she begins by quoting F.R. Scott ...

"Changing a constitution confronts a society with the most important choices, for in the constitution will be found the philosophical principles and rules which largely determine the relations of individual groups to one another and to the state. If human rights and harmonious relations between cultures are forms of the beautiful, then the state is a work of art that is never finished. Law thus takes its place, in theory and practice, among men's highest and most creative activities."

But what are we engaged in? Can we continue to function as a nation when the commission of inquiry studying Quebec's political future was headed by two businessmen asking whether the independence is "viable" and has shaped the debate as simply the bartering of this or that power like so many rug merchants? Can we continue to function as a nation when the national government, after failing miserably to persuade the vast majority of Canadians of the merit of the uninspiring little Canada vision in the Meech Lake Accord, is still convinced that the only problem was the amending formula? Can a country continue to exist when the national leader prefers doing deals with other self-interested first ministers rather than risking a consultation with the Canadian people through a referendum?

Finally, can a country continue to exist when government, academic and business elites are all running around in disarray saying that we simply must determine "what does Canada want?", as if it is something we could total up on a balance sheet, plug into a computer program and pop out an answer? As journalist John Cruickshank succinctly puts it, to ask such a question is "very eighties" and me-tooish.

But it is more than that. It is myopic, inward-looking and captures much of what is wrong with our current leadership. We should not be asking what Canadians want. We should not be focusing on the satisfaction of short term needs and succumbing to siren calls from Quebec nationalists or other disgruntled regional forces whose proposals appeal only to our less noble me-first-and-damn-the-rest instincts.

We should be asking all Canadians to react beyond the present into the future and to think about how best to meet our collective needs whether world peace or a clean environment. We should be asking what Canadians want our nation to accomplish nationally and internationally in the twenty-first century. We should be establishing fundamental principles and the essence of what Canadians believe in and where we want to go together. Only then, should we ask what constitutional arrangements can best allow us to achieve this.

Note de l'Editeur
DEBORAH COYNE *est un membre et conseiller du Groupe de la Décennie du Grand Virage. Elle a choisi une vie simple et aime faire de la randonnée pédestre à travers l'Amérique du sud et la Chine, quand elle en a l'opportunité. Elle a reçu son éducation à l'Université Queens, à Osgood Hall, et à l'université d'Oxford; et elle est la directrice du bureau des affaires constitutionelles du gouvernement de Terre-Neuve et du Labrador. Elle a co-fondé la coalition pour la constitution canadienne, et dans cette citation provenant du numéro de juin de la revue «Policy Options» elle débute en citant F.R. Scott.*

«Au moment où membres d'une société décident de changer leur constitution, ils sont confrontés par des choix des plus importants, car c'est dans la constitution que se trouvent les principes et les règles philosophiques qui determinent en grande partie les relations entre groupes individuels et leurs relations avec l'état. Si les droits de l'homme et les relations harmonieuses entre cultures différentes sont des manifestations de ce qui est beau, il s'en sort que l'état est une oeuvre d'art qui n'arrivera jamais à finition. La loi prend donc sa place, en théorie et en pratique, parmi les activités les plus estimés et les plus créatives de l'homme.»

En quoi nous engageons-nous? Nous est-il possible de fonctionner en tant que nation alors que la commission chargée d'etudier l'avenir politique du Québec est dirigée par deux hommes d'affaire qui demandent si l'indépendance est «viable», et dont les membres ont formulé le débat sur un simple échange de tel ou tel pouvoir comme le ferait des marchands de tapis? Pouvons-nous continuer à fonctionner comme nation alors que le gouvernement, suivant l'échec total de son effort à démontrer à la vaste majorité des Canadiens le merite de leur petite vision du Canada sans inspiration dans les accords du Lac Meech, est encore convaincu que le seul problème était la formule d'ammendement. Un pays peut-il continuer à exister quand le premier ministre préfère négocier des affaires d'intérêt personnel avec les autres premiers ministres provinciaux plutôt que de risquer une consultation avec les citoyens du Canada par le moyen d'un référendum national?

Et finalement, un pays peut-il continuer à exister quand les élites parmi les membres du gouvernement, les académiciens et la communauté d'affaires se montrent tous en désarroi quant à dire qu'il nous faut absolument déterminer «ce que veut le Canada», comme si c'était une somme à calculer sur un bilan, à programmer sur un ordinateur – pour en sortir la réponse? Comme dit le journaliste John Cruickshank de manière bien succincte: poser une telle question est «très annés quatre-vingt» et «moi, aussi».

Mais c'est plus que cela. C'est myope, introspectif, et un exemple de tout ce qui va mal chez ceux qui nous gouvernent. Il ne s'agit pas de demander ce que veulent les Canadiens. Il ne s'agit pas de concentrer notre attention sur la satisfaction de nos besoins à court terme, de succomber aux appels de sirène des nationalistes québécois, ou des autres mécontentements régionaux dont les propositions font appel à nos instincts les moins nobles.

Ce qu'il nous faut, c'est de demander à tous les Canadiens de regarde au delà du present jusqu'à l'avenir, et de réfléchir sur les meilleurs moyens pour satisfaire à nos besoins collectifs, que ce soit pour la paix mondiale ou pour un environnement ain et propre. Nous devons demander ce que nous, Canadiens, voulons voir notre ation accomplir au vingt-et-unième siècle, sur le plan national et international.

Editor's Note
DAVID SHAFTOE *is a student in Environ-*
ment & Resource Studies at the University of
Waterloo, and a strong supporter of various
non-governmental organizations for social
change. On February 27th, he shared with
the Citizen's Forum his thoughts on Meech
Lake: and suggested a way to increase pub-
lic involvement in politics.

Many people see Meech Lake as a glaring
example of English Canada's intolerance of
Quebec's desire for cultural self-determination. Groups like "The Society for the
Preservation of English in Canada" would
seem to support this impression. But a
closer examination of the events leading up
to the failure of Meech Lake tell another
story that I believe is a better explanation of the current lack a faith in the
Canadian federation.

If we take a moment to think back to the initial opposition to the Meech
Lake Accord we discover the first critics of Meech Lake were women and
natives. The debate became more vociferous as the Territories, the Prairies
and the Maritimes added their voices to the fray. These also happen to be the
same groups that are benefitting the least from the status quo, and they could
no longer tolerate the idea that the problems of Central Canada would once
again get centre stage while their own continued to be ignored.

The media both inside Quebec and in the rest of Canada failed to interpret
the issue in this fashion. Instead, they repeatedly focused on statements and
activities that turned Meech Lake into a caricature of the English-French
debate that has always been a part of our history. They simply assumed that
by not supporting Meech Lake, Canadians were expressing a lack of support
for cultural self-determination in Quebec.

This was not the case. This was not a debate about cultural self-determination. It was a debate about power. Canadians could not reconcile themselves
to the fact that cultural self-determination would be addressed while the rights
of natives and other groups continued to be ignored. We watched in confusion
as the federal government and the government of Quebec resisted all efforts
by these other groups to have any say in the process of constitutional amend-
ment. Consequently, Canadians started to ask questions. Why was it that
cultural self-determination was being addressed, while native's, women's, and
other regional concerns were not? No reasonable explanation was offered by
the government and so Canadians rejected the Accord.

Meech Lake was not about intolerance and racism. It was about a government shutting out any other perspective or opinion. And it was about
Canadians telling the government that it is time to listen up. I think an Irish fem-
inist expressed the feelings of Canadians when she said "If I can't dance,
don't want to come to the party".

I chose to discuss Meech Lake because it is a situation with which we are
all familiar. It demonstrates clearly the character of our Federal government

But this character has not only manifested itself here. We can see it surface again with other issues. The Federal government's handling of the environmental crisis is another example of its lack of concern for the public will and, for me, it is one of the most distressing.

By the actions of this government you would never know that we are in the midst of an environmental crisis. Your average Canadian seems to know. She knows that the rainforest is disappearing at an alarming rate. She knows that the Canadian forests are not far behind. She is aware of the implications of the greenhouse effect and the destruction of the ozone layer. She can't drink a glass of water without wondering if it will be more damaging to her health than beneficial. Consequently, she has stated time and time again that her greatest priority is a search for solutions to the environmental crisis.

You would think that the government would get the message but it has not. I still remember the feelings I had before the release of the much touted Green Plan. I am very cynical about the activities of the Federal government when it concerns the environment, but I can remember feeling hopeful about the situation. I was convinced that this time an attempt would be made to present real solutions. After all, we are talking about the welfare of the world, not to mention the fact that Canadians had strongly stated their concern about the issue. I suppose, in a way, I didn't believe they had any choice but to present good strong policies.

I was wrong. It was almost unanimously agreed that the Green Plan was not worth the paper it was written on and the whole event disappeared from the news in a matter of days. Only a government that wasn't listening, or one that didn't have to, would have dared to present such a document to a public that wanted real solutions.

I mentioned before that I was cynical about the claims of the Federal government. I am twenty-five and I feel that my age more or less gives me the right to express at least a little cynicism. But I was a tutorial instructor last term in a class with an average age of nineteen and what I'd like to know is this: how do you explain the cynicism of a nineteen year old?

Here was a group of students who have committed themselves to deal with the environmental crisis and, almost without exception, the government was seen as a barrier to the attainment of a sustainable society. They had many reasons for feeling this way but one of the most often stated was the belief that the government had other priorities, namely economic, and that it did not take environmental issues seriously. Some didn't even feel it was redeemable: the government wasn't going to take initiative to deal with the environmental crisis on its own. Citizens would have to organize to force the government to take action.

The events surrounding Meech Lake, the inadequacy of the Green Plan, the students' remarks, all tell the story of a government that is not in touch with Canadians. Indeed, there is a sense that it doesn't even want to be. It follows its own agenda. And it treats all other issues, including environmental issues as sidelines to what it considers to be the important matters. Is it any wonder then, that Canadians are unsatisfied with the present system?

What is heartening about the situation is the level of public concern and involvement that does exist and that is always increasing. As far as environmental issues are concerned, the public is ahead of the government by a long shot. We are becoming increasingly impatient with the government's obvious lack of concern for our opinions. We resent the lack of power that we hold in the system and we are, consequently, ready to assume responsibility for our own lives. What Canadians are asking for in this time of uncertainty is not a dynamic leader who can show us the way to some new order but more power so that we can have a say in the business of this country.

It should be known that I am not advocating a transfer of power to the provinces. I am not convinced that this would change the lack of interaction between government and Canadians. Nor am I convinced that it would be the most effective means of dealing with the environmental crisis that weighs heavily on the minds of Canadians. What I am advocating is a transfer of power to the municipality.

There are good reasons for supporting such a position. For one, the municipal government is the most accessible of all levels of government. This would make it much easier for citizens to affect changes. This is particularly important where the environment is concerned since, as I mentioned before, the average Canadian is more committed to change than the government. Also, people would begin to interact more vigorously at the community level. If people interact more at the municipal level, they will rediscover the character of the community they live in. And this is extremely important. After all, a culture develops at the grass roots level – not in the nation's capital. Finally, as people become more involved in government they begin to see the effects of their decisions on the environment that surrounds them. They will understand even more clearly how their actions contribute to or help resolve the environmental crisis.

Canadians are tired of a Federal government bent on representing only one point of view. They are also tired of performing the role of spectator in what they have been raised to believe is a democracy. Power at the level of the municipal government will mean greater accessibility to power for the average Canadian. Once that has been acheived, we can expect to see concrete solutions to environmental and other problems.

David Shaftoe

Note de l'Editeur
*DAVID SHAFTOE est étudiant à la faculté des études environnementales à
l'Université de Waterloo. Il travaille vigoureusement à l'appui des groupes réunis
dans le but d'achever des changements sociaux. Le 27 février il a fait partager ses
impressions de l'accord du Lac Meech, et ses idées pour encourager la participation des citoyens à la vie politique.*

Il y a beaucoup de monde qui regarde l'accord du Lac Meech comme un exemple
flagrant de l'intolérance portée par le Canada au désir actuel d'autodétermination
culturelle du Québec. Des groupes, tels que la Société pour la préservation de la
langue anglaise au Canada, nous donnent de quoi croire à cette hypothèse. Mais
un examen plus approfondi des événements qui ont mené à l'échec du Lac Meech
nous permettent de voir ce qui est, à mon avis, une explication plus raisonnable du
manque actuel de confiance en la fédération canadienne.

Si nous prenons un moment pour réfléchir à l'opposition initiale à l'accord du
Lac Meech, nous nous rendons compte que les premiers critiques étaient en fait les
femmes et les amérindiens. Le débat est devenu plus vociferant lorsque les
Territoires, les Prairies et les provinces Maritimes se joignirent à la bagarre. Ils
sont, par ailleurs, et comme par hasard, les groupes qui sont les moins susceptibles
de bénéficier du statu quo. Et ils ne pouvaient plus supporter l'idée que les problèmes du Canada central soient une fois de plus au devant de la scène, pendant
que les leurs continuaient à être négligés.

Les média à l'intérieur du Québec ainsi qu'ailleurs au Canada n'ont pas choisi
d'interpréter ces événements en perspective. Au contraire, ils ont continuellement
attiré l'attention du public sur des affirmations ou des activités qui servaient à trans-

former l'information sur Lac Meech en caricature du débat anglais/français, qui lui a toujours fait partie de notre histoire. Ils ont tout simplement présumé que les canadiens, par un manque de soutien pour l'accord du Lac Meech, exprimaient une opposition à l'autodétermination culturelle du Québec.

Ceci n'était pas le cas. Ce débat ne concernait pas, en fait, l'autodétermination culturelle. Ce n'était qu'un débat sur le partage de pouvoir. Les Canadiens n'était pas prets à se réconcilier au fait que l'autodétermination culturelle serait adressée, alors que la question des droits des autochtones et des autres groupes était laisée de côté. Nous avons regardé avec confusion pendant que le gouvernement fédéral et le gouvernement du Québec montraient leur résistance à tout effort de la part de ces groupes à se faire entendre sur le processus d'ammendement constitutionnel. Et les Canadiens ont ensuite commencé à se poser des questions. Pourquoi était-ce que la question d'autodétermination culturelle était adressée, alors que d'autres questions importantes pour les autres régions ne l'étaient pas? Il n'y a pas eu d'explication raisonnable; les Canadiens ont donc rejeté les accords proposés.

Le Lac Meech ne concernait pas l'intolérance ou le racisme. Il s'agissait plutôt d'un gouvernement qui évitait toute autre perspective et toute autre opinion. Il s'agissit des Canadiens en train de dire à leur gouvernement que l'heure était arrivée ou ils se feraient enfin entendre. Je me rappelle une féministe irlandaise qui exprimait des sentiments semblables à ceux des Canadiens, quand elle disait, «Si l'on ne me laisse pas danser, je n'ai pas envie d'aller à la fête».

J'ai chosi le sujet du Lac Meech parce que c'est une affaire que nous connaissons tous bien, et qui nous démontre clairement le caractère de notre gouvernement fédéral. Mais ceci n'est qu'un exemple parmi tant d'autres. Nous voyons apparaître cette attitude sur d'autres questions également. La façon dont le gouvernement fédéral a choisi de traiter la crise environnementale est un autre exemple de son manque de souci pour le public et cet exemple est, à mes yeux, l'un des plus inquiétants.

A en juger par les actions du gouvernement actuel, on ne se rendrait jamais compte du fait qu'on est en pleine crise environnementale. La Canadienne moyenne a l'air de le savoir. Elle sait que les forêts tropicales humides disparaissent avec une rapidité innouie. Elle sait que les forêts canadiennes ne suivent pas de loin. Elle se rend compte des implications de l'accumulation des gaz carboniques, et de la destruction de la couche d'ozone. Elle ne peut pas boire un verre d'eau sans se demander se les conséquences seraient plus nuisibles que bénéfiques à sa santé. Par conséquent, elle a constaté maintes fois que sa plus grande priorité serait de chercher des solutions à la crise de l'environnement.

On aurait pu espérer que le gouvernement aurait compris ce message; mais ceci n'était pas le cas. Je me souvient encore de mes sentiments juste avant la parution du plan vert, annoncé par le gouvernement avec tant de fanfare. Mon attitude envers le gouvernement fédéral est plutôt sceptique quand il s'agit de ses activités pour tout ce qui touche à l'environnement, mais à l'époque je me sentais quelque peu optimiste. J'étais convaincu que cette fois on pouvait s'attendre à un vrai effort à présenter des solutions viables. Il était question, après tout, du salut public mondiale, sans parler du fait que les Canadiens avaient bien clairement exprimé leur position à ce sujet. Je suppose que, d'une certaine manière, je ne leur accordais pas d'autre choix que de présenter un programme bien solide.

Je me suis trompé. Virtuellement tout le monde était d'accord que le plan vert ne valait pas le papier sur lequel il était imprimé, et l'événement a plus ou moins disparu de la presse en quelques jours. Seul un gouvernement qui n'écoutait pas – ou bien un gouvernement qui ne se souciait pas d'écouter – aurait osé présenter un tel document à un public qui cherchait de vraies solutions.

Précédemment, j'ai fait la remarque que je me sentais sceptique en ce qui concerne les prétentions du gouvernement fédéral. J'ai vingt-cinq ans et je crois que, de ce fait, j'ai plus ou moins le droit d'exprimer un peu de scepticisme. Pendant ce dernier trimestre, j'enseignais comme assistant dans une classe où l'âge moyen était de dix-neuf ans. Ce que j'aimerais savoir était ceci: comment expliquer le scepticisme chez quelqu'un qui a dix-neuf ans? J'avais devant moi un groupe d'étudiants qui s'était fortement engagés à traiter de la crise de l'environnement et qui, presque sans exception, regardaient le gouvernement comme étant un obstacle à la réalisation d'une société environnementale.

Ils avaient beaucoup de raisons pour lesquelles ils exprimaient ces sentiments, mais l'une de celles qui étaient la plus souvent citées était la conviction que le gouvernement avait d'autre priorités, des priorités économiques; et que les questions concernant l'environnement n'étaient pas prises au sérieux. Certains d'entre eux voyaient la situation comme irrécupérable. Le gouvernement, de son propre compte, n'allait pas prendre l'initiative pour traiter de la crise environnementale. À leur avis, il ne restait plus qu'à organiser l'effort des citoyens pour forcer le gouvernement à entrer en action.

Les événements relatifs au Lac Meech, l'imperfection du plan vert, les remarques des étudiants – ils servent tous à raconter l'histoire d'un gouvernement qui n'est pas en contact avec les Canadiens. A vrai dire, on a le sens qu'il n'a pas envie de l'être. Notre gouvernement suit un agenda propre à lui-même; et il traite toutes les autres questions, y compris les questions concernant l'environnement, comme périphériques à tout ce qu'il considère être des affaires importantes. Il n'y a rien d'étonnant à ce que les Canadiens ne soient pas satisfaits du système actuel.

Ce qu'il y a d'encourageant dans cette situation est le niveau d'intérêt et de particpation publique qui existent, et qui continuent à augmenter. En ce qui concerne les questions de l'environnement, le public est bien au devant du gouvernement. Nous nous impatientons de plus en plus du manque d'intérêt envers nos opinions. Ce que demandent les Canadiens en cette période d'incertitude n'est pas un chef dynamique qui puisse nous montrer le chemin vers quelque nouvel ordre. Nous cherchons plutôt une augmentation de pouvoir, qui nous permettrait de participer aux affaires de cette nation.

Je voudrais préciser que je ne préconise pas un transfert de pouvoirs vers les provinces. Je ne suis pas convaincu qu'une telle démarche aurait un effet positif sur le manque de communication entre le gouvernement et les Canadiens, ou sur la crise environnementale qui pèse lourd dans nos coeurs. Ce que je préconise, par contre, est un transfert de pouvoirs vers les municipalités.

Il existe de bonnes raisons pour soutenir une telle position. Premièrement le gouvernement municipal est le niveau de gouvernement le plus accessible. Ceci rendait aux citoyens un bien plus grand potentiel pour effectuer des changements. Ce qui est particulièrement important en ce qui concerne l'environnement, puisque, comme je l'ai déjà dit, les Canadiens moyens sont plus engagés sur ce front que le gouvernement. En plus, il y aurait un degré de participation bien plus vigoureux au niveau communautaire. Une participation plus active au niveau municipal permettrait de decouvrir le caractère de la communauté dans lequel on vit. Et ceci est extrèmement important. Après tout, une culture se developpe au niveau populaire, et non pas dans la capitale nationale.

Finalement, une fois que les citoyens particperaient de façon plus active à leur gouvernement, ils commenceraient à s'apercevoir de l'effet de leurs decisions sur l'environnement qui les entoure. Ils comprendraient encore plus comment leur actions contribuent ou aident à resoudre la crise environnementale.

Les Canadiens en ont assez d'un gouvernement fixé sur un seul point de vue. Ils se fatiguent de jouer le rôle de spectateur dans lequel ils ont été amenés à croire que cela est une democratie. Le pouvoir au niveau du gouvernement muni cipal accordera aux Canadiens moyens un plus grand accès au pouvoir. Et une fois ce changement effectué, nous pourrons nous attendre à votre des solution concrètes aux problèmes de l'environnement et aux autres problèmes auxquel nous faisons face.

David Shaftoe

Le maire de Kuujjuaraapik, Sappa Fleming, rencontre Henry Spallone, le maire de Yonkers, quand les chefs Inuits ont visité le New York Power Authority pendant de manifestations de janvier 1991.
Mayor of Kuujjuaraapik, Sappa Fleming, with Yonkers mayor, Henry Spallone when Inuit leaders visited New York Power Authority during January 199 protests.

Editor's Note

I met **GUDRUN FOERSTNER** at a round table discussion for the Citizen's Forum. We found we were both grandmothers and had come to Canada in the 50's as immigrants, Gudrun from Germany, I from England. We also shared a frustration for the current political process which is not responsive to the electorate. She had some interesting ideas about changing that – the kind of changes that might help create an environmental focus for Canada's future. So I asked her to speak at our special presentation to the Commission ...

I want you to think back to one of the elections, those of you that are old enough to have taken part in some. I know for me it is always a great time of stress, because I find myself looking at candidates and trying to find the one best for the job to go to Ottawa and represent me and the region. Then I suddenly realize that the party this person belongs to is one I cannot support. So, this is my dilemma. Do I send the person to Parliament that I trust to represent me? Or do I pick somebody that represents a party that I believe in? Well, very often this cannot be combined and I agonize, because I take this duty very seriously.

You've been hearing today about all these environmental issues that so many people care about. But if we do not have people in Ottawa that listen to us and take notice of what we want but simply dictate to us, we have nothing. My solution is to have two ballots – one for the person that we elect to represent us in Ottawa directly, and one for the party we want to represent us: and this second vote could be taken for what is now the Senate. You can call it the Senate, you can call it the Second Chamber, Upper or Lower House. I don't care as long as it works effectively.

I also feel very strongly about some checks that we need. We have had Watergate in the States. In Europe we had Hitler. We have Sadaam Hussein. We could get a Nero in Ottawa. What do we do? Sit and wait until the five years are up? In that time he could ruin the country. So I think we need some checks and balances, some mechanism by which we can either impeach a Prime Minister, call an election, whatever, to effect some changes when it is absolutely necessary. We have nothing of the sort at this time and I do think something should be worked out.

It might be a good idea to compare the electoral systems of other countries – like France, although it's quite complicated. And Germany which addresses some important points. Switzerland has something and Australia, too. These could be studied to improve our system, to give us something Canadian and to the point.

Why do I say this? Because I think Canada is a fantastic country. We have an abundance of natural resources, we have people that are compassionate, intelligent, well-trained, well informed. So I'm always amazed when I hear we're doing so well here. We're not! When you compare what other countries can achieve with far less, we could be paradise on earth, because we have so much. So where is it all going? Please think about it.

Note de l'Editeur
*J'ai rencontré **GUDRUN FOERSTNER** lors d'une table ronde pour préparer le Forum des Citoyens. Nous allions nous rendre compte que nous étions tous deux grand-mères ... que nous avions tous deux immigré au Canada durant les années '50 ... Gudrun de l'Allemagne et moi de l'Angleterre. Nous partageons aussi la frustration d'un processus politique qui ne prend pas compte de l'électorat. Gudrun proposait des idées intéressantes quant aux changements requis – changements aptes à donner un focus environnemental à l'avenir du Canada. Je lui ai donc demandé de joindre son témoignage lors de notre présentation à la commission.*

J'aimerais que vous rappeliez des élections, ceux d'entre vous qui sont assez âgés pour avoir participé à des élections. Pour moi, les élections sont toujours époques de tension: il faut étudier les candidats en tentant d'y trouver le meilleur pour me représenter et représenter la région à Ottawa. Par la suite, je réalise que je ne peux appuyer le parti que cette personne représente. Voici mon dilemme. Dois-je voter pour la personne en laquelle j'ai confiance pour me représenter? Ou dois-je choisir quelqu'un qui représente un parti dans lequel j'ai confiance? Bien souvent, ces deux ne peuvent être combinés et j'agonise, parce que j'entrevois ceci comme un devoir des plus sérieux.

Nous avons entendu parler aujourd'hui de toutes ces questions environnementales dont tant de gens se préoccupent. Cependant, si nous n'avons pas des personnes à Ottawa qui nous écoutent et tiennent compte de ce que nous voulons, mais au contraire, nous imposent leur gré, nous n'avons rien. Ma solution est que nous ayons deux votes – un pour la personne que nous choisissons pour nous représenter directement à Ottawa, et l'autre pour le parti de notre choix. Ce deuxième vote pourrait être pris en fonction de ce qui est aujourd'hui appelé le Sénat. On peut l'appeler le Sénat ou la deuxième chambre, ou la chambre haute ou basse. Peu importe, pourvu que ça fonctionne efficacement.

Je suis de plus convaincue que certains equilibres de pouvoirs sont nécessaires. Il y a eu Watergate aux États-unis. En Europe, Hitler. Nous avons Sadaam Hussein. On pourrait se trouver avec un Néron à Ottawa. Que ferions-nous? Nous asseoir et attendre que les cinq années sont échues? Pendant ce temps, il pourrait détruire le pays. Je crois donc que nous avons besoin d'un mécanisme quelconque qui nous permettrait d'entamer la procédure d'impeachment d'un Premier Ministre, de convoquer une élection ... enfin un mode par lequel nous pourrions effectuer des changements lorsqu'ils s'avèrent essentiels. Aujourd'hui, il existe rien en ce sens et je crois qu'il est nécessaire d'apporter ces modifications.

Il serait peut-être bon de faire une comparaison avec les systèmes électoraux d'autres pays – par exemple, celui de la France ... bien qu'il soit très compliqué. Peut-être celui de l'Allemagne, qui tient compte de certains points importants. La Suisse et l'Australie également. Ces systèmes pourraient être étudiés dans le but d'améliorer le nôtre, afin que nous puissions avoir quelque chose d'à propos et de vraiment canadien.

Pourquoi j'insiste dessus? Parce que je crois que le Canada est un pays fantastique. Nous possédons des ressources naturelles infinies, nous sommes un peuple compatissant, intelligent, discipliné, bien informé. Je suis toujours surprise lorsque j'entends que tout va si bien ici. C'est faux! Lorsqu'on compare ce que d'autres pays font avec tellement moins, notre pays devrait bien être le paradis sur terre, tant nous possédons de richesses. Où donc vont toutes nos ressources? Pensez-y bien, voulez-vous.

C'EST UN OISEAU! C'EST UN AVION!

NON! C'EST CAPITAINE CANUCK!

Réproduit grâce à Le Droit

Editor's Note

*Last summer I attended a bioregional confer-
ence in Maine, where I met Gary Lawless
and heard him read "Spirit of the Wolf". I also
met **DON ALEXANDER** who, I discovered,
is a doctoral candidate in the School of
Urban and Regional Planning, University of
... Waterloo. Don is also co-chair of the Save
the Oak Ridges Moraine (STORM) Coalition.
So what were we all doing in Maine – and
what is bioregionalism? I'll let Don explain –
adding only that it is a concept on the cutting
edge of change. And, on May 4th at the
Annual General Meeting of Great Lakes
United, I heard David Crombie (former
Toronto Mayor and Conservative M.P.)
describe the "Greater Toronto Region"*

bounded by the Niagara Escarpment, the Oak Ridges Moraine and Lake Ontario as a ... bioregion. Good thinking. These are Don's deliberations on bioregions and the Constitution.

Put in its simplest terms, bioregionalism is a philosophy which says that, in order to live in harmony with the earth, human beings need to rediscover the places where they live. Different regions of the earth have different character-istics and bioregionalism suggests that we need to be receptive to these differences. Just as we know that it's not appropriate to put a cattle ranch in the middle of a rainforest, or attempt to grow crops there – the soil will turn to dust after a few years – so too we are learning that it doesn't make sense to let chemicals leach down into the source of our drinking water.

And we have learned other lessons as well. Farmers who attempted to farm the Oak Ridges Moraine in south-central Ontario found that, within a generation or two, the land was literally turning to desert; it was the trees which they had since cut down which had kept the soil in place.

What does all of this have to do with Canada's constitution? Potentially quite a lot. Society exists to ensure the survival of each of its members and to enable them to achieve the best quality of life possible. In order to do these things, it is necessary to maintain the integrity of the ecosystems on which human life depends. The ability of a society to live in harmony with its environ-ment is connected with specific ways of earning a living, with institutions, and with ideas. The Native cultures which lived here before the arrival of Europeans lived in relative harmony with nature because their ways of earning a living were appropriate to the ecosystems which existed here. Amongst the Iroquois, their constitution emphasized the need to consider the implications of major decisions for the seventh generation and their ideas saw human beings as an integral part of the web of living things.

Because the ecological crisis has developed incrementally, rather than dramatically, it has produced a rather blasé response. As David Suzuki has noted, we are rather like a frog in a pot of water the temperature of which increases only gradually. By the time the frog discovers he's in trouble, it's too late. I submit to you that if we truly want to survive as a people and as a species, then we need to subject all of our present ways of earning a living, our institutions and our ideas, to close scrutiny. I think we will find that most of them are part of the problem, rather than part of the solution.

A constitution, in my view, should help us make the transition from a society that trashes nature to one that lives in harmony with it. Therefore, it should help us change a great number of our ideas, institutions and ways of earning a living. It should challenge the idea that nature exists solely for our convenience and benefit. It should encourage a sharing of resources, not only with the rest of the world, but also with the other species that occupy the planet. It should encourage people to become all they can become, rather than defining themselves by the possessions they own.

It should encourage a society where experts are accountable to the people. Wouldn't it be better if experts had to live with the consequences of their own advice, if they were asked to combine their role with that of being a citizen in the communities where they gave advice? A constitution should devolve more decision-making authority on communities and regions where people are familiar with local conditions and where they can respond quickly to new circumstances. At present, so-called "public servants" grow fat off the backs of the people. The only cheap government is where people govern themselves.

Units of government ideally should reflect actual natural boundaries – such as watersheds – rather than artificial lines drawn on a map; these do violence to the integrity of natural processes. All decisions taken should consider potential ecological effects. Under our present system, we have one ministry paying farmers to drain wetlands and another trying to protect them. Does that make any sense? A constitution should stress the rebuilding of community, rather than the isolation of each and every family on its own acre or half-acre lot. This way of using the land is too costly. We need our arable land to grow food, not subdivisions.

A constitution should not include private property rights. Land especially is not a commodity; it is a community of living and non-living things. To pretend we can own it is, in the words of Crocodile Dundee, like the fleas thinking they can own the dog. We don't allow private ownership of water for the most part; why should we allow it of land? Ownership – really stewardship – should be vested in local communities and regions, to be held in trust for future generations.

A constitution should encourage the formation of regional economies where the allocation of capital is determined by the lending policies of regional and community banks owned and operated by the people living in those regions. We should strive for greater self-sufficiency using local resources managed for long-term sustainability, rather than compete in a world market which is wrecking the global environment and looting the human and natural resources of this country as well as many others. And, finally, a constitution should ensure that new and existing major technologies are assessed for their social and major environmental impacts; continued reliance on fossil fuels, for instance, is a sure path to disaster as we are beginning to see with the phenomenon of global warming.

While it would be unrealistic to expect a constitution to do all of the things I have outlined here, it is within the frame of these larger issues that constitutional matters need to be considered. A bioregional philosophy would have us tailor our economy, politics and culture to the regions in which we live. Nature does not respect our existing provinces, counties, municipalities, or even the international boundary; maybe it's time we started to listen.

...n arbre centenaire, de la biorégion Grande Baleine près de Kuujjuaraapik
...0-year-old tree, in the Great Whale bioregion, near Kuujjuaraapik

Note de l'Editeur

*L'été dernier, j'ai participé à une conférence bio-régionale dans l'Etat du Maine, où j'ai rencontré Gary Lawless que j'ai entendu déclamer «L'Ame du loup». Par la même occasion, j'ai rencontré **DON ALEXANDER** qui, j'ai alors appris, fait son doctorat à l'école de planification urbaine et régionale de l'Université de ... Waterloo! Don est co-président de Save the Oak Ridges Moraine (STORM) Coalition (la coalition pour la sauvegarde de Moraine Oak Ridges). Alors, que faisions-nous tous au Maine – et qu'est-ce que la bio-régionalisation? Je laisse Don vous l'expliquer, me contentant seulement d'ajouter que c'est un concept qui va paver la voie du changement. Et, le 4 mai, lors de l'assemblée générale annuelle de Great Lakes United, j'écoutais David Crombie (autrefois maire de la ville de Toronto et ministre fédéral conservateur) décrire la région du Toronto métropolitain bornée par l'escarpement du Niagara, la Moraine Oak Ridges et le Lac Ontario en tant que ... bio-région ... Quelle évolution! Voici **Don Alexander** et ses refléxions sur la bio-régionalisme et la constitution ...*

On peut définir le biorégionalisme de la manière la plus simple comme une philosophie qui expose le besoin des humains de redécouvrir les endroits où ils habitent afin de vivre en harmonie avec la terre. Les régions différentes du monde se caractérisent de manière différente et le biorégionalisme suggère que nous soyons réceptifs à ces différences. Tout comme nous savons qu'il ne convient pas de mettre une ferme d'élevage au milieu d'une forêt tropicale humide ni d'essayer d'y faire pousser des récoltes, la terre deviendrait de la poussière après quelques années, nous devons aussi apprendre qu'il ne rime à rien de laisser les produits chimiques s'infiltrer dans notre eau potable.

Nous avons aussi appris d'autres choses. Les fermiers qui ont essayé de cultiver les faîtes de chênes moraines au sud de l'Ontario central ont découvert qu'en une génération ou deux, la terre se transformait littéralement en désert; les arbres qu'ils avaient abattus auraient dû servir à retenir le sol.

Qu'est-ce que tout cela a à voir avec la Constitution canadienne? En fait, beaucoup. La société existe pour assurer la survie de chacun de ses membres et permettre à tous d'atteindre la meilleure qualité de vie possible. Pour pouvoir faire cela, il est nécessaire de maintenir l'intégrité des écosystèmes dont dépend la vie humaine. La capacité d'une société de vivre en harmonie avec son environnement est à mettre en relation avec les façons précises de gagner sa vie, les institutions et les idées. Les cultures autochtones qui existaient ici avant l'arrivée des Européens vivaient dans une certaine harmonie avec la nature parce que leur façon de gagner leur vie était adaptée aux écosystèmes existents. La constitution des Iroquois mettait l'accent sur le besoin de considérer les effets des décisions importantes sur la septième génération et ils croyaient que les êtres humains faisaient partie intégrante de la toile des choses vivantes.

Comparez ceci avec les Européens qui durant les derniers deux cents ans ont détruit une bonne partie du pays, souillant l'eau, éliminant la flore et la faune et réduisant à un simple vestige des forêts dont la croissance ancienne était riche. Evidemment, le système apporté par les Européens a aussi des aspects positifs. La plupart d'entre nous peuvent s'attendre à bénéficier de la sécurité sociale quand c'est nécessaire et ce système nous a apporté beaucoup d'avantages et même certains luxes. (J'allais dire que le système nous avai aussi apporté des trains qui partent à l'heure, mais il semble qu'au Canada ce ne soit pas le cas.)

La crise écologique s'est développée de manière progressive plutôt que dramatiquement, et cela a produit une réaction plutôt blasée. Comme David Suzuki a constaté, nous ressemblons à une grenouille dans un pot d'eau dont la température
s'augmente que graduellement. Quand la grenouille découvre finalement qu'elle est
en difficulté, c'est trop tard. Je vous suggère que si nous voulons vraiment survivre
en tant que peuple et espèce, il nous faut examiner de très près la façon dont nous
gagnons notre vie, nos institutions et nos idées. Je crois que nous découvrirons que
la plupart d'entre elles font partie du problème plutôt que de la solution.

A mon avis, une constitution devrait nous aider à faire la transition d'une
société qui a détruit la nature vers une société qui vit en harmonie avec elle. Dès
lors, elle devrait nous aider à changer un grand nombre d'idées, d'institutions et la
façon de gagner notre vie. Elle devrait mettre au défi l'idée que la nature existe
uniquement pour notre commodité et notre avantage. Elle devrait encourager un
partage des ressources, non seulement avec le reste du monde mais aussi avec les
autres espèces qui occupent la planète. Elle devrait encourager les gens à devenir
tout ce qu'ils peuvent devenir au lieu de se définir par leurs possessions.

Elle devrait encourager une société dans laquelle les experts sont responsables
envers les gens. Ne serait-il pas mieux que les experts vivent les conséquences de
leurs propres conseils, si on leur demandait de combiner leur rôle avec celui d'un
citoyen des communautés dans lesquelles ils ont donné leurs conseils? Une constitution devrait déléguer plus d'autorité aux communautés et aux régions où les gens
sont familiarisés avec les conditions locales et où ils peuvent réagir rapidement à
de nouvelles circonstances. Actuellement, de soi-disant fonctionnaires s'enrichissent
sur le compte des gens. Le seul gouvernement bon marché est celui où les gens se
gouvernent eux-mêmes.

Les groupes gouvernementaux devraient refléter les frontières naturelles
présentes, tout comme les lignes de partage des eaux, au lieu des lignes artificielles
dessinées sur une carte; celles-ci endommagent l'intégrité des processus naturels.
Chaque décision prise devrait considérer les effets écologiques potentiels. Dans
notre système actuel, on a un ministère qui paie les fermiers à assécher les
marécages, et un autre qui essaie de les protéger. Est-ce que cela a du sens? Une
constitution devrait insister sur la reconstruction de la communauté, plutôt que sur
l'isolation de chaque famille sur son propre arpent de terre. Cette façon d'utiliser la
terre est trop coûteuse. Nous avons besoin de notre terre cultivable pour faire
pousser notre nourriture et non pas des lotissements.

Une constitution ne devrait pas inclure les droits de la propriété privée. La terre
n'est pas une denrée; c'est une communauté de choses vivantes et non-vivantes.
Faire semblant de la posséder c'est, comme a dit Crocodile Dundee, comme les
puces qui pensent arriver à bout du chien. Nous n'autorisons pas la propriété
privée de l'eau dans la plupart des cas; pourquoi devrions-nous autoriser celle de
la terre? La propriété, en fait l'intendance, devrait être investie dans des communautés et des régions locales, mise en dépôt pour les générations futures.

Une constitution devrait encourager la formation d'économies régionales dont
l'attribution du capital est déterminée par les politiques en matière d'avances des
banques communautaires et régionales que les habitants de ces régions possèdent
et gèrent. Nous devrions essayer d'obtenir une plus grande indépendance, en utilisant des ressources locales gérées pour un soutien à long terme plutôt que de con-
currencer dans un marché mondial qui détruit l'environnement global et qui pille
les ressources humaines et naturelles de ce pays et de tant d'autres. Et, finalement,
ne constitution devrait assurer que les nouvelles technologies importantes et exis-

tantes soient évaluées pour leurs impacts sociaux et environnementaux; continuer à se reposer sur des combustibles fossiles, par exemple, est la voie la plus sûre qui mène au désastre, ce que nous commençons à réaliser avec le phénomène du réchauffement global.

Bien qu'il soit irréaliste de s'attendre à ce qu'une constitution fasse toutes les choses que j'ai décrites ici, c'est dans le cadre de ces problèmes plus grands que nous devons considérer les affaires constitutionnelles. Une philosophie biorégionale nous pousserait à étendre notre économie, notre politique et notre culture aux régions où nous habitons. La nature ne respecte pas nos frontières existantes de nos provinces, comtés, municipalités ni même nos frontières internationales, peut-être est-il temps de commencer à écouter.

Reprinted with permission of Globe & Mail

Editor's Note
BOB GOOD's *family has been involved in farming in S.W. Ontario for generations, with a distinguished record in the United Farmers Union of Ontario and in social democratic politics. Bob is one of a small group of idealists, banded together in the Ontario Rural Learning Association, whose aim is to encourage rural pride and help small communities take charge of their own destinies. From the heartland of Ontario, he has a distinct view of – distinct societies.*

In the discussion of the future of Canada much is being said about "distinct societies" but very little about what those distinctions really are. I would like to touch on one obvious and to me very interesting distinction.

I was brought up near Brantford, originally named Brant's Ford in honour of Joseph Brant, leader of the Six Nations. After the American Revolution the Iroquois were given the lands along the Grand River "from its mouth to its source to enjoy forever." Fifty years later, "forever" having expired, my great grandfather was given a parcel of the Indian lands. I attended high school with a number of native Canadian children and later one of my brothers and his wife adopted two Iroquois babies. These are my connections to the native people of Canada.

The culture of the native people of Canada had, and to a large degree still retains, one very important difference from the cultures of the white conquering races. It is, significantly non-materialistic! The land and its resources are used wisely and revered. Their society is based on a wide degree of peaceful cooperation and is sustainable.

The conquering races, no matter what language they spoke, were and still are militantly materialistic in the extreme. Resources are used to increase profits with no regard for future generations. Any concept of sustainability is completely subjugated to a worship of a constantly growing gross national product. Financial success is the be all and end all of human endeavor.

This is the most obvious distinction between any of the "distinct societies" now residing in Canada. If the politically dominant societies in Canada could even recognize this important distinction it would help them reconcile their minor differences. If they could endorse the principle of economic sustainability, their differences might evaporate completely.

If Canada is to break up into separate areas so that the "distinct societies" can console themselves in their loneliness, what are the geographical boundaries of the area to be? If any of these future countries are to contain more than one "distinct society", how can the rights of the minorities be better protected than they have been in the past?

I would like to hear more explicit details about the distinct differences of our so called "distinct societies" and less about the jockeying for power and prestige of our politicians. Is Canada to be broken up, or the central government to be emasculated, solely to provide more positions for more men to exercise their need for power; or is there thoughtful reasoning behind the rhetoric? If so, let us have less rhetoric so we can hear the reason.

Note de l'Editeur

Les membre de la famille de **BOB GOOD** *sont agriculteurs au sud-ouest de l'Ontario depuis des générations, avec un record distingué auprès des Fermiers unis de l'Ontario, aussi bien qu'en politique comme démocrates sociaux. Bob fait partie d'un petit groupe d'idéalistes, la «Rural Learning Association», réunis dans un but d'encourager la fierté rurale et d'aider les petits communautés à prendre charge de leur propre destin. Originaire de coeur de l'Ontario, il offre un point de vue distinct sur – les sociétés distinctes.*

Dans la discussion sur l'avenir du Canada, on parle beaucoup de «sociétés distinctes» mais très peu de ce que sont ces distinctions en réalité. Je voudrais aborder une distinction évidente et qui est pour moi importante.

J'ai été élevé près de Brantford, appelé à l'originie Brant's Ford en l'honneur de Joseph Brant, le chef des Six Nations. Après la révolution américaine, on a donné aux Iroquois les terres sur le bord de la rivière Grand «de sa source à sont embouchure pour en jouir à jamais.» Cinquante ans plus tard, «à jamais» ayant expiré, on a donné à mon grand-père une parcelle de terrain indien. Je suis allé à l'école secondaire avec plusieurs enfants autochtones canadiens et plus tard un de mes frères et sa femme ont adopté deux bébés iroquois. Ce sont là mes rapports avec les autochtones du Canada.

La culture autochtone du Canada présentait et présente encore aujourd'hui en grande partie une différence très importante avec les cultures de la race blanche conquérante. Elle est non-matérialiste de manière significative! La terre et ses ressources sont utilisées sagement et sont révérées. Leur société est basée sur un haut niveau de coopération pacifique et de soutien.

Les races conquérantes, peu importe les langues qu'elles parlaient, étaient et sont encore matérialistes militantes à l'extrême. Les ressources sont utilisées afin d'augmenter les profits sans aucune considération pour les générations futures. N'importe quel concept de subsistance est lié au culte d'un produit national brut en croissance constante. Le succès financier est le début et la fin de l'effort humain.

Il s'agit de la distinction la plus évidente de n'importe quelle «société distincte» qui réside au Canada maintenant. Si les sociétés dominantes du point de vue politique au Canada pouvaient enfin reconnaître cette importante distinction, cela les aiderait à retracer leurs petites différences. Si elles pouvaient appuyer le principe de subsistance économique, leurs différences pourraient s'évaporer complètement.

Si le Canada doit se déchirer en zones séparées afin que les «sociétés dintinctes» puissent se consoler dans leur solitude, quelles seront les frontières géographiques de ces zones? Si un de ces pays futurs contient plus d'une «société distincte», comment les droits des minorités pourront-ils être mieux protégés qu'ils ne l'ont été dans le passé?

Mina Weetaltuk se demande qu'est-ce que va arriver à la terre de ses aïeux.
Mina Weetaltuk, Inuit elder, wonders what will happen to her home and nativ
land – on the banks of the Great Whale River.

Editor's Note
*The cover of this book is **RICK BEAVER**'s painting of a young wolf watching fireflies in the night – a first awareness of light. Rick is a wildlife biologist whose environmental concerns and native origins have come together in his art, which is represented in many collections including the Museum of Civilization in Ottawa. In response to the disastrous Ethiopian famine in 1984, **Rick Beaver** organized native artists across Canada to contribute their work on behalf of suffering African villagers. The result was "Native Life: Native Art", a magnificent exhibition of more than fifty paintings which toured Canada and abroad to stimulate support for African development. Rick is a Turnaround Decade Group member and Advisor, now living in British Columbia. Although he stresses that he does not speak officially for native Canadians, he continues ...*

.. I do, however, have some personal experiences in the spaces I have occupied between government definitions of aboriginals and the true freedoms of life in a democracy.

Some of my fondest memories are of times spent growing up on the Alderville Indian reservation in central Ontario. Despite hardships, there were, for a child, some wonderful benefits in having your cherished world encompassed by a few square kilometres – your relatives, your land, your true home. Today, as I see it, the consciousness of the native peoples of Canada has expanded, like the rest of the nation, as we seek to define our place in the world.

During these weeks marking the first anniversary of the Oka crisis in Quebec, I am profoundly aware how much has changed. Suddenly many of the issues of such importance to natives have been recognized by the world at large. And they are issues which affect us all, whether you are a Cree living on a tributary of James Bay or a fisherman off the Grand Banks. Policies of compromise in resource development and allocation must be addressed. It is now clear to everyone that while Canada automatically assumed responsibility for the welfare of its citizens, its attitude towards the original inhabitants of this land has been woefully neglectful.

The imposition of federal authority on nearly every aspect of a native person's life through the anachronistic Indian act must not continue. It has been the instrument of demoralization for us all. Native peoples will not accept leadership which continues this trend through institutions designed to mesh with the monstrous bureaucracy of the Department of Indian Affairs.

The native people of Canada have watched the development of a society from the fringes of the world's stage. They have experienced the dark side of "progress" and what motivates it. As this country moves towards a new millennium with new technologies to increase the capacity to extract wealth from the land, Canada should know that natives in the hinterlands are not about to sign meaningless documents of trust with the proponents of a future they have had no part in choosing. Oka and James Bay are the sorry result of a process that can no longer be tolerated.

Well, here we are, teetering on the edge of yet another Commission, the Citizen's Forum on Canada's Future, offering those who might wish to participate a very detailed agenda. The first two pages list many discussion points covering "Aboriginal Peoples: Land and Government", but make no mention of natural resources and the environment. What do they suppose is at stake then, over the Gitksan and Wet'suwet'en land claim in B.C., or the Great Whale project in Quebec?

The word environment appears only on the last of five pages, where under "What we Value", one of several options is "a clean environment".

So, nothing changes and another official body shows no sign of understanding the complex relationship between native peoples and the fragile ecosystems often involved in land claims, no hint that Canada's future is its land, its wildlife, its forests, its waters ... the environment for which so many in this country have shown they have some answers, if only government would ask the right questions.

Note de l'Editeur

*La couverture de ce livre est l'oeuvre de **RICK BEAVER** – le dessein d'un louveteau observant des lucioles – sa première sensibilisation à la lumière. Rick est biologiste de la faune. Ses préoccupations environnementales ainsi que ses origines comme autochtone se marient à travers son art, qui se retrouve dans un nombre important de collections, y compris celle du Musé de la civilisation à Ottawa. Lors que l'Ethiopie fit face à une famine catastrophique en 1984, **Rick Beaver** entreprit que les artistes autochtones du Canada puissent contribuer leurs oeuvres en faveur de villageois Africains affligés. Le résultat fut «Vie autochtone – art autochtone», une magnifique exposition de plus de cinquante peintures qui parcourut le Canada et d'autres pays pour promouvoir l'aide africaine. Rick est membre et conseiller du groupe Turnaround Decade. Il vit maintenant en Colombie britannique. Tout en soulignant fortement qu'il n'est en aucune façon porte-parole officiel de Canadiens autochtones, il nous apporte ce témoignage ...*

... j'ai quand même vécu des expériences personnelles sur le plan des contradictions entre les définitions gouvernementales d'autochtone et la vraie liberté de vie au sein d'une démocratie.

Certains de mes souvenirs les plus chers me rappellent les temps de ma jeunesse sur la réserve indienne d'Alderville au centre de l'Ontario. Malgré les difficultés, il y avait pour un enfant des avantages merveilleux de savoir son précieux monde contenu au milieu de quelques kilomètres seulement – votre famille, votre terre, votre patrimoine. Je constate aujourd'hui la sensibilisation des peuples autochtones du Canada s'est élargie – comme celle du reste du pays – alors que nous cherchons à définir notre place dans le monde.

Au cours de ces semaines qui marquent le premier anniversaire de la crise d'Oka au Québec, je suis profondément conscient du grand changement qui a eu lieu. Soudainement, beaucoup de questions que les autochtones jugent primor-diales sont reconnues dans le monde entier. Et ce sont des questions qui nous touchent tous et chacun, que nous soyons un des Crées demeurant au bord d'un tributaire, à la Baie James ou un pêcheur au large de Grand Banks. Il faut un débat sur les politiques de compromis entre le développement des ressources d'une part et celle des allocations. Il est clair que même si le Canada a accepté de plein gré que sa responsabilité pour le bien-être de la majorité de sa population, son attitude face à ses premiers citoyens a été une de profonde négligence.

Il faut que cesse l'imposition de l'autorié fédérale sur quasiment tous les aspects de la vie des autochtones par le biais de la loi anachronistique sur les Indiens. Celle-ci a été un instrument de démoralisation pour chacun d'entre nous. Les autochtones n'accepteront aucunement un leadership qui maintient cette même tendance à travers des institutions conçues pour s'intégrer à la bureaucratie mon-strueuse du départment des Affaires indiennes.

Les aborigènes du Canada ont observé l'évolution de la société à partir des coulisses de la scène mondiale. Ils ont vécu le côté négatif du «progrès» et de ce qui motive le progès. Pendant que notre pays se dirige vers un nouveau millenium armé de nouvelles technologies pour augmenter sa capacité d'extraire les richesses du territoire, il faut que le Canada sache que les aborigènes ne sont pas prêts à signer des documents sans valeur promettant un avenir qu'ils n'ont aucunement choisi. Oka et la Baie James sont les conséquences malheureuses d'un processus qui ne doit plus être toléré.

Nous voici donc, faisant face à encore une autre commission, cette fois le Forum des citoyens sur l'avenir du Canada, offrant un ordre du jour détaillé à ceux et celles qui veulent y participer. Les deux premières pages énumèrent de nom-breux sujets de discussion sur les «Peuples aborigènes: terre et gouvernement», sauf qu'il n'y est nullement mention des ressources naturelles et de l'environnement. Que croient-ils donc est le réel enjeu, en ce qui a trait à la réclamation territoriale du Gitksan et Wet'suwet'en en Colombie britannique, ou encore au projet Grande Baleine au Québec? Le mot environnement a'apparait que dans la dernière des cinq pages où, sous la rubrique «Ce à quoi nous tenons», une de plusieurs options est «un environnement sain.»

Rien n'a changé, donc. Et voilà une autre institution qui ne comprend rien de la symbiose entre les peuples autochtones et les écosystèmes fragiles souvent reliés aux réclamations de territoriales ... Aucun signe que l'avenir du Canada est bel et bien son territoire, sa faune, ses forêts, ses cours d'eaux ... l'environnement pour lequel tant de citoyens au pays ont démontré qu'ils avaient certaines solutions, si ... si seulement le gouvernement pouvait poser les questions qui s'imposent.

B.C. native land claim dismissed

Landmark ruling states Crown laws have precedence over aboriginal interests

BY ROBERT MATAS
British Columbia Bureau

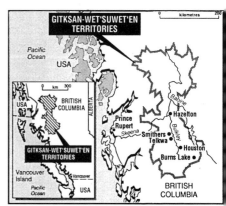

VANCOUVER – A landmark British Columbia Supreme Court decision unequivocally dismissing aboriginal land claims in the province has fuelled the causes of racism and will lead to "considerable unrest" if used as a basis for government policy, say representatives of the Gitksan and Wet'suwet'en people.

Chief Justice Allan McEachern ruled yesterday that the two tribal groups in northern B.C. have no claim to ownership of the land or jurisdiction over the territory in which they live.

However, they do have a legal right, subject to provincial laws, to use unoccupied or vacant Crown land in the territory "for aboriginal sustenance purposes," he stated in the Supreme Court judgement. (He continued to hear the long Supreme Court case after his appointment in 1988 as head of the B.C. Court of Appeal, the province's Chief Justice.)

Don Ryan, Speaker of the Wet'suwet'en territory, said in a prepared statement released from Smithers that Chief Justice McEachern's judgement "is a travesty, based on the economic imperatives of a province driven by exploitation of people and resources."

Ken Harris, a hereditary chief, said in Vancouver that the decision, which will be appealed, is "wrong in principle and it is wrong in law."

The court accepted all the government's arguments, which would free the courts from injunctions and cases concerning aboriginal title, he said, reading from a statement prepared by the office of the Gitksan and Wet'suwet'en hereditary chiefs in Hazelton.

The Gitksan and Wet'suwet'en, who number about 7,000, claim political jurisdiction over 58,000 square kilometres of B.C., in an area roughly 700 kilometres north of Vancouver. They want to be a self-governing territory outside the province but within Canada.

The court case, which stretched over 3 1/2 years and cost more than 20 million, was expected to affect land-claims negotiations across most of the province.

Most B.C. tribal groups have never signed a treaty ceding land and have never been conquered by force of arms.

For the first time since entering Confederation in 1871, the B.C. government agreed last year to join negotiations of aboriginal land claims. B.C. Attorney-General Russell Fraser said yesterday he hopes Chief Justice McEachern's decision will end efforts to settle the issues of aboriginal title through the courts.

The tribal groups maintain that their ancestors lived on, owned and controlled the territory and that they still have the legal right to govern it. They want acknowledgement of their political jurisdiction over the land now owned by the province, and compensation paid for land held privately. They also want the right to terminate all logging, mining and other leases on Crown land.

Chief Justice McEachern ruled that the law of nations and common law recognize the sovereignty of European nations that established settlements in North America. By 1858 Britain had asserted sovereignty in the territory, and title to the land of the province became vested in Britain.

Aboriginal interests at that time were the right to live in their villages and occupy the lands for the pupose of gathering products of the land and waters for subsistence and ceremonial purposes, he said. Aboriginal interests did not include ownership of the land or jurisdiction over the territory.

"It is the law," the judge also ruled, "that aboriginal rights exist at the 'pleasure of the Crown' and they may be extinguished whenever the intention of the Crown to do so is clear and plain."

Petite fille Inuit à Kuujjuaraapik près de la Grande Baleine, août 1990.
Inuit child, Kuujjuaraaniik, near Great Whale River, August 1990.

(When answering these questions please use the pages provided at the end of the book.)

(En répondant à ces questions, utiliser s'il vous plaît les pages à la fin du livre.)

Question 7

A) "To protect certain rights it was necessary, in the past, to establish the separation of church and State. Similarly, to protect the environment, it has now become necessary to establish the separation of Business and State"

A) «Pour protéger certains droits, historiquement il fallut instituer la séparation de l'Eglise et de l'Etat. Semblablement, pour protéger l'environnement, il faut maintenant instituer la séparation des Affaires et de l'Etat.»

My opinion is...

Mon opinion est ...

Strong Disagreement
Disagreement
Agreement
Strong Agreement
Not Sure
Other

☐ Pas de tout d'accord
☐ Pas d'accord
☐ D'accord
☐ Très d'accord
☐ Pas sûr
☐ Autre

B) In what specific ways might a country, a province or a municipality change under government by bioregion? (some details if you will)

B) Quels pourraient être les changements spécifiques pour un pays, une province ou une municipalité sous un gouverment biorégionale? (des détails si vous plaît)

Part IV
Ourselves and Our Environment

Editor's Note
*How to do justice to the incomparable **ELISE SMITH-HOUGHTON** – born and raised in New England, bilingual after seven years working in Paris, a consumer expert after twelve years producing commercials, now devising environmental campaigns to combat over-consumption. The deliberately non-trendy Elise lives in Toronto's ultra-trendy Annexe district, her house the busy focus of neighbourhood children (including her own Catherine and Sarah), and cats (not hers) detouring through the creative clutter. A bottle of wine, home-cooked Chinese food, bright and funny talk, tireless caring for the planet, a blithe and rare lady recounts some recent adventures in translation, communication and national unity ...*

Canada, this wonderful, vast, peaceful piece of North with a fascinating population from everywhere, is experiencing growing pains. It is experiencing discomfort, pondering its future, examining its identity as a whole and as the sum of its far-flung parts. It is being asked questions about itself – a process which rather than leading directly to answers, seems to be leading it to ask new and different questions. Canada's government is asking questions, and seeking to structure a constitution from the answers. And now Canadians are asking questions – seeking to define the values they must find in common to decide the answers.

This book has assembled a patchwork of thought in two languages, a collage of complementary commentary on the essential bond which all of its contributors feel must be our unifying glue. The environment. The protection and the preservation of this beautiful sprawling piece of land we all share. All of us, at one time or another, immigrated to this piece of the world. And all of us must now unite to take care of it. There is unity in sharing that value.

Unity involves communicating with one another and discovering the goals we can help one another achieve. We have attempted here to prove that communication across two main languages need not be an impediment to establishing a common set of values. So we have written this book in French and English.

Our country is officially bilingual, which means we can all fill out forms and read cooking instructions in our choice of at least two languages. What is less obvious is real direct communication between people on questions of vital mutual concern. We can read government publications in our two main languages. Now we would like to find ways to read what we – in Ontario or British Columbia or the Prairies or the Maritimes or Québec – have in common.

Translating this book, in the space of two months, has been an adventure. A few members of the Turnaround Decade Group are reasonably conversant in French. But none of us are translators. Some sections of the text were written in French; the original essays were written in English. We decided to write all of it in both languages, assuming we would translate as much as we could manage, as well as we could, and find help in correcting our mistakes and perhaps more strength along the way.

We have networked through universities, environmental groups, advertising agencies, government offices and neighbourhoods. We have had help from university students, friends of friends we have never met, and government ministries to help us with problems such as spruce budworm and tech-change layoffs. We have had advice networked by telephone on transferring text from computers to discs to printers in other cities. We have had help from Québec, from around Ontario, and even from Venezuela. All of it was volunteer work.

If our translations are not perfect, please bear with us and read the material for its message rather than its style. Its message is important. We need to find ways to talk to one another and this is, we hope, a beginning.

We hope that the environmental movement will find ways to involve new people – not necessarily members of groups, but people who can read and write in two languages – to help translate material that is important to all of us. We have all learned a great deal from this work – about the environment and about each other. We would now like to establish links with Québec, to begin a network of individuals who can translate material into their own language. This could be done on a page-for-a-page exchange system, by mail or by fax. A direct exchange of material, through means other than the government and the media, could certainly facilitate building a sense of cooperation at the grass-roots level.

Our experiment has shown us that what we need, failing the likelihood of all of us becoming bilingual or polyglot, is simply mutual cooperation and caring. We can talk to one another. Our needs are the same.

Elise Smith-Houghton

159

Partie IV
Nous-mêmes et notre environnement

Note de l'Editeur
*Comment rendre justice à l'incomparable **ELISE SMITH-HOUGHTON**, née et élevé en Nouvelle Angleterre, bilingue après sept ans à travailler à Paris, et une expert sur les consommateurs après douze ans de production de messages publicitaires elle est maintenant convertie à un effort d'inventer des campagnes contre la consommation excessive. Bien que délibérément pas dans le vent, Elise habite un quartier à la mode de Toronto qui s'appelle l'Annexe, sa maison accueillant les enfants du quartier (y compris ses deux propres filles Catherine et Sarah), et quelques chats (pas les siens) qui font le detour à travers le désordre créatif. Une bouteille de vin, de la cuisine chinoise faite à la maison, de la conversation vive et drole, du souci infatigable pour la planète, une femme enjouée et rare raconte un peu ses aventures en traduction, ainsi que l'unité nationale et la communication ...*

Le Canada, ce merveilleux, vaste et paisible morceau du Nord, avec sa population fascinante assemblée de tous les coins du globe, passe en ce moment à travers une période de crise d'identité. C'est un pays qui souffre une malaise, qui réfléchit à son avenir, qui met son identité comme fédération toute entière et en tant que la somme de ses diverses parts à l'examen. C'est un pays auquel l'on pose des questions – ce qui, au lieu de produire des réponses toutes faites, semble le mener plutôt à formuler de nouvelles questions différentes. Le gouvernement du Canada pose des questions a ses citoyens, cherchant à formuler une constitution basée sur les réponses. Et maintenant les Canadiens posent leurs propres questions, cherchant à définir les valeurs qui doivent déterminer les réponses.

Ce livre assemble un patchwork de pensées, un collage de commentaires complémentaires sur le lien essentiel que ses collaborateurs croient être la colle qui nous réunira: l'environnement – la protection et la préservation de cette magnifique étendue de la Terre que nous partageons. Nous avons tous, à une époque ou une autre, émigré vers ce coin spécial du monde. Et nous devons maintenant nous réunir pour en prendre soin. Nous pouvons trouver l'unité en partageant cette valeur.

L'unité demande que nous communiquons entre nous, et que nous recherchions ensemble des objectifs que nous pouvons nous aider mutuellement à atteindre. Nous avons fait un effort dans ce livre de prouver que la communication à travers nos deux langues principales ne doit pas nécessairement être un obstacle à l'établissement des valeurs communes. Ce livre est donc écrit en français et en anglais.

Notre pays est officiellement bilingue, ce qui fait que nous pouvons tous remplir des formulaires et lire des modes de cuisson en notre choix d'au moins deux langues. Mais ce qui est moins évident est la vraie communication directe entre nous sur les questions d'intérêt fondamental et mutuel. Nous pouvons lire des publications officielles du gouvernement en nos deux langues officielles, mais maintenant nous aimerions trouver des moyens de nous lire, pour savoir ce que nous en Ontario, en Colombie Britannique, aux provinces maritimes, aux prairies, et au Québec – avons en commun.

Traduire ce livre entier, en l'espace de deux mois, en notre temps libre, a été une vraie aventure. Quelques membres du Groupe de la décennie du grand virage ont plus ou moins compétents en français, mais nous ne sommes pas (ou n'étions pas) traducteurs. Plusieurs parties du livre étaient écrites en français, mais la plupart des essais étaient écrits en anglais. Nous avons décidé de tout rendre dans les deux langues, en essayant de faire notre possible, et en espérant de trouver le aide sur le chemin.

Nous avons fait appel à contacts dans des universités, dans des groupes d'environmentalistes, dans des agences de publicité, dans des bureaux gouvernementaux, dans nos voisinages, et parmi nos amis. Nous avons recruté des classes universitaires de français; nous avons posé des questions au personnel des ministères sur des problemes tels que la tordeuse de bourgeon et le virage technique; nous avons obtenu de l'aide de la part des amis des amis sans jamais les rencontrer. Nous étions obligés de demander des conseils pour pouvoir transmetre nos textes sur disque d'ordinateur entre villes différentes. Nous avons formé une équipe invisible, au Québec, à plusieurs endroits en Ontario, et même au Vénezuela. Et finalement, nous avons trouvé une traductrice professionnelle, qui a très généreusement donné de son temps à traduire bien plus que sa juste portion du texte.

Si nos traductions en français ne sont pas toutes parfaites, nous demandons de votre patience, et vous demandons de lire le texte pour son message et non pas pour son style. Son message est important. Nous avons besoin de nous parler entre nous, et cet effort représente, nous l'espérons, un début.

Le mouvement de l'environnement a besoin de trouver des moyens de recruter de nouveaux volontaires – pas nécessairement des membres de groupes existants, mais des gens qui savent lire et écrire en deux langues, et qui seraient disposés à traduire des textes afin que nous puissions en faire l'échange. Nous avons beaucoup appris en faisant ce travail – et sur l'environnement, et sur la générosité qui peut exister quand il y a bonne cause. Une telle coopération à l'avenir nous permettrait une meilleure communication au niveau populaire – et une base sur laquelle nous pouvons, ensemble, réunir ce pays qui nous appartient à nous tous.

Nous pourrions conclure de cette experience que ce qu'il nous faut, étant donné le peu de chance que nous devenions tous bilingues ou polyglottes, est tout simplement de la coopération et de la compréhension mutuelles. Nous pouvons nous parler. Nos besoins sont les mêmes.

Elise Smith-Houghton

Editor's Note

DALE HAMILTON, *like Bob Good a member of the Ontario Rural Learning Association, is a fifth generation resident of Eramosa Township who joined the cause for rural regeneration after seeing "huge earthmovers tearing down everything in sight" to clear the way for subdivisions in the small town of Rockwood. Dale is a playwright and her response was "Spirit of Shivaree", that involved the whole community as performers, set designers, scenery painters, costume makers in a production that played along the banks of the Eramosa and in and out of historic buildings. It was a "Movable Feast" that celebrated the town's pride in its connection to that place, that land, that environment. At the Citizen's Forum last February 27th, Dale spoke of small-town Ontario in the larger Canadian community ...*

As a Canadian playwright involved primarily with theatre as a tool for community regeneration, I can't help but relate my work in small communities to the larger Canadian community as a whole. On both these levels, community spirit is in danger of extinction.

By "community spirit" I mean a sense of caring and belonging which is closely linked to an appreciation of one's surroundings, both natural and social.

My work extends beyond community theatre; theatre being but one tool in a gradual process of community building. Through the work of the Ontario Rural Learning Association, I have become involved in a process called "Community Soundings". A "sounding" provides the opportunity to "sound out" the issues in a community. We emphasize community regeneration through local initiative, undertaken by local self-created experts. Decisions are made by those who know best; those who will have to live with the consequences of their decisions.

I believe that our Canadian community spirit is being undermined from above. Too many federal government policies are seriously out of balance and extremely uncreative in matters both economic and cultural. In the process they are, unwittingly I believe, destroying the "glue" that holds us together like Via Rail and the CBC.

Creating and maintaining a strong sense of identity, which is an essential component in building community spirit, has always been one of the challenges of being Canadian, especially living in the shadow of our powerful and aggressive neighbour to the south. Recent federal policies such as "free" trade undermine those qualities which not only differentiate us from the United States, but that make us glad we live on this side of the border.

The gulf war is a primary and frightening example of our present government's willingness to follow the lead of the United States, under the guise of a UN resolution. Rather than sending our troops into the insanity of war, we could be taking a truly courageous stand for peace. If Canada would take independent positions such as this, it would go a long way towards creating a sense of identity and community.

One of our unique Canadian attributes has been a stronger commitment to the good of the many (in other words, the good of the community and the extended community) as compared to the good of the individual in his (and less frequently her) relentless climb to the top of the heap. This sense of community, in the face of a system that rewards material egocentricity, has been a strong force in creating a more humane face for Canada, and THIS is what is being eroded, and with it goes "the glue".

Call it democratic socialism or just call it a more humane way of perceiving the world; whatever label it's given, it has to do with caring about your community and your planet at least as much as about your own personal wants. In a community gone astray, personal "wants" become confused with personal "needs". We NEED family and community spirit in our lives; we WANT bigger and better material possessions.

But even in the face of all these obstacles, there is also a vitality to Canada's community spirit. This vitality has to do with the fact that we are at a cross roads. Our spirit is changing, and it's part of a natural evolution brought about by changing demographics and changing perspectives that no longer fit neatly into existing provincial units; boundaries created generations ago by a handful of 19th century men who perceived the world in a very particular way. Politicians and surveyors cast their linear eyes across the country and created boundaries – provincial, county and township – that have no relation to the natural landscape.

An example which I believe illustrates this point very clearly is something I encountered in helping to organize an upcoming international women playwright's conference to be hosted by Canada. I was faced with the chronic Canadian problem of regional representation, of how to create a conference that would represent the entirety of Canada. I started with the standard provincial breakdowns, but it struck me that these divisions were no longer appropriate, if they ever were. I erased the provincial boundaries in my mind and attempted to create new regions, based on landscape, natural geography and culture. And these are the categories I ended up with ... Urban, Rural, Maritime, Quebecois, Prairie, Mountain & Interior, West Coast, The North, Native, and Minority.

Such an approach could be called bio and ethno regionalism. The point I'm trying to make is that a common natural geography binds people together and that a sense of unity stems from a sense of place.

In closing, I'd like to translate what I've said into a short list of suggestions, because I think that's what you're trying to glean from all of the thousands of voices of voices you've heard. So here's my list:

1) Examine the present configuration of borders that we call Canada with an open mind, taking into consideration ethnological and geographic factors. Change it, perhaps drastically, rather than scrap it.

2) Grant more localized power, again, based on ethnology and geography, with the hope that these new power bases will choose to remain part of the diverse Canadian community; the most compelling (but not the only) examples being the Native community and the Quebecois community.

3) Eliminate federal policies which discourage the unique components of our Canadian identity. Instigate policies which encourage community-building on a local , regional and national level.

4) Encourage more active participation in our democracy through a
constant exploration of innovative ways to foster social responsibility.

My experience in community-building clearly indicates that people DO want and need to feel a sense of belonging; and that a strong caring community comes second in importance only to a loving family. Our Canadian community MUST change in response to changing times. Otherwise, it WILL go the way of the dinosaur.

Dale Hamilton

Editor's Note
VIRGIL MARTIN grew up in the village of St. Jacobs in the heart of Ontario's largest Mennonite settlement. He has authored two books about southern Ontario and is a Director of the K-W Field Naturalists and Ontario Naturalists Associations. He recently returned to University for an Independent Studies degree in conservation, natural heritage and land-use planning. He spoke to the Citizen's Forum about national identity as a "sense of place" ...

The scope of our sense of place is very broad. I think of it as a series of concentric circles that range outward from each of us. The innermost is our personal space, which psychologists frequently remind us about and pushy salespersons frequently violate. Next is our home, followed by community, landscape, region, nation, continent, earth and cosmos. Additions could be inserted into this list. Some are more important than others, some are very precisely defined and others are fuzzy. It is worth noting that, in general, as we move outward our knowledge becomes based less on empirical experience and more on deductive impressions, an important consideration in a country as large as ours.

Maintaining a balance between these nested circles, which I'm calling our sense of place, means recognizing their interdependence. For example, we recognize that a happy home is one in which individuals share a healthy sense of themselves and their community. Without these dimensions inside and outside the home, the concept of "home" becomes practically meaningless.

The same principle holds true for all the circles. It might be worth spelling this out for the national level. Without a sense of the regions that make up this country, we really have no sense of what Canada is. Similarly, without some understanding of the continental context, we cannot pretend to know much about our nation and who we are. I would add that I think it is quite legitimate, under the circumstances, to define our national identity at least in part in terms of what we are not.

The Waterloo Region has a considerable Mennonite community. Although most are modern in their outlook, some cling tenaciously to nineteenth century technology. These people continue to rely on horse power for transportation. This may seem hopelessly inefficient, but consider the view from a buggy seat. At a slow-but-steady pace, there is time to take in the countryside, to hear the birds sing, to talk to your neighbours – to develop a profound sense of place.

In sharp contrast, the rest of us stare ahead through our windshields, seeing little more than pavement. Our high degree of mobility is a key factor in our diminished sense of place, in the decline of the home and the loss of true communities (I don't mean subdivisions that develop overnight). We are becoming a society without roots. It's very easy to pick up and go somewhere else if we are not satisfied with our immediate surroundings. The cottage on the weekend, Florida at March break, a States-side shopping trip: these are not options for our Old Order Mennonite neighbours. Instead, they will stay at home and accept what they have.

My point is that our perspective determines our attitude. If we develop a healthy, balanced perspective, our sense of responsibility toward our environment extends, in ever-widening circles, to encompass places we have never seen but know vicariously. If individual perceptions harmonize with others over a wide area, they combine to form a collective that we call our national identity. But it is essential that every circle is fused to the next in developing a complete sense of place.

Throughout the western world, environmental degradation has been tolerated, just as slavery and colonialism once were. Our history of settlement is that of a very imperialist attitude to the environment. "How much can I take from this land?" sums it up. If the fur traders, lumber barons, and pioneers had had a healthier sense of place, they might have asked an altogether different question: "How can I live in this land and be a part of it?". I think Canadian society is definitely moving toward this more responsible attitude, even if our politicians are slow to recognize it. We are beginning to think and behave less like foreign occupiers, and more like natives.

Canada's future should be built, not on political mistakes and historical accidents, but rather on a healthy collective sense of place. We must learn to see ourselves as belonging to the land, rather than just pretending that the land belongs to us. This really amounts to adopting a native land ethic: "Our home and native land". If we take this ethic to heart, perhaps we can get beyond the current round of hopelessly divisive ethnocentric debates about who gets how much. The land itself should be the shared vision that unites this cultural mosaic we call Canada.

Virgil Martin

Editor's Note
ROLF THIESSEN *teaches Geography and Religious Studies at Rockway Mennonite Collegiate in Kitchener. He is the father of two small children, and he thinks of them in expressing deep concern for Canada's future and the environment. When he spoke to the Citizen's Forum on February 27th, he brought the senior students with him to share the experience and hear what was said ...*

I would like to speak as an educator. I am an educator that continues to witness, and is heartened by, the transformation which education can effect. I place my hope in the tremendous potential of our young people to pursue a more just relationship with our physical environment. To help realize this potential an intentional, systematic instruction in environmental sensitivity in our school systems must ensue.

I wish for a Environmental studies approach that will produce a generation of Canadians whose mindset will be that of care taking, restoring and valuing the natural environment; a generation in which profit and standard of living will take second place to the assurance that future generations too will be able to enjoy a wholesome quality of life, so contingent on a healthy natural environment.

I can only speak for the high school geography curricula since that is my teaching area. I am most pleased to see not only an increasing level of environmental sensitivity, but also the integration of a values component with the geographic content. To create a mindset of caring, restoring and serving beyond a selfish anthropocentrism will require the additional infusion of an environmental ethicism in curricula. This environmental ethic must find expression in our literature, in our business and economics courses, in our sciences, indeed across the whole elementary and high school curriculum.

The french language and culture was deemed important enough to create French Immersion programs and rightly so. The increasing rate of Eco-genocide on this planetary home, and indeed in Canada, warrants a similar educational thrust. why not Environmental Studies Immersion?

What I have in mind is an integrated plan including:

1) The instruction of environmental studies.
2) Environmental Studies across the curriculum from K to 12/OAC.
3) Comprehensive outdoor education curricula, K to 12/OAC.
4) Encouragement of students to pursue environmental careers.
5) The call for governments to create jobs in the environmental sector, and retraining of individuals whose professions are either environmentally detrimental, or who have lost their livelihood due to resource depletion.

With particular reference to my third point "comprehensive outdoor education curricula", what better way to sensitize students to the environment than to immerse them in wilderness experience. I would like to see the implementation of comprehensive outdoor education programs whereby every student has numerous opportunities from K to 12/OAC to escape the sterility and artificiality of the city and be exposed to nature and wilderness. Thereby, perhaps the sanctity, the interconnectedness and intrinsic beauty of creation will help students see beyond nature as merely a utilitarian resource, or a hostile frontier to be tamed.

Rolf Thiessen

Emplacement archéologique Inuit au nord de Kuujjuaraapik
Inuit archaeological site just north of Kuujjuaraapik

Note de l'Editeur
DALE HAMILTON, qui est membre d'une famille qui habite le canton d'Eramosa
depuis cinq générations, est également, comme Bob Good, membre de
l'Association pour les études rurales. Elle s'est jointe à la cause de la régénération
rurale après avoir vu «d'énormes bulldozers en train de tout détruire à perte de
vue» pour faire place à des lotissements près de la petite ville de Rockwood. Dale
est dramaturge, et sa réponse à cette situation s'était manifestée en «Spirit of
Shivaree». Ceci est une présentation qui a fait appel à toute la communauté de participer comme acteurs, décorateurs, et fournisseurs de costumes pour sa production
qui a été jouée le long des rives de l'Eramosa, à l'intérieur et à l'extérieur des bâtiments historiques. Au Forum des citoyens, le 27 février passee, Dale a parlé de
l'Ontario provinciale dans la plus grande communauté canadienne ...

En tant que dramaturge canadienne impliquée surtout dans le théâtre comme
instrument de régénération communautaire, je ne peux m'empêcher d'établir un
rapport entre mon travail dans de petites communautés et dans la communauté
canadienne dans son ensemble. Dans les deux cas, l'esprit communautaire est en
voie d'extinction.

Quand je parle «d'esprit communautaire», je veux dire un sentiment qui vise à
prendre soin et d'appartenance à quelque chose qui est en relation étroite avec
une appréciation des environs naturels et sociaux.

Mon travail s'étend au-delà du théâtre communautaire; ce théâtre n'étant
qu'un instrument dans un processus graduel de construction communautaire. Par le
travail de l'Association d'enseignement rural ontarien, je me suis impliquée dans
un processus appelé «sondages communautaires». Un «sondage» donne l'occasion de «sonder» les problèmes d'une communauté. Nous mettons l'accent sur la
régénération de la communauté par l'initiative locale, que des experts locaux auto-
didactes entreprennent. Les décisions sont prises par ceux qui connaissent le mieux
la situation, ceux qui devront vivre avec les conséquences de leurs décisions.

Je crois que notre esprit communautaire canadien est en train d'être miné
d'en haut. Trop de politiques gouvernementales fédérales sont sérieusement dés-
équilibrées et extrêmement non-créatives dans les affaires économiques et culturelles. En même temps, elles sont, involontairement je crois, en train de détruire le
«ciment» qui nous lie. Via Rail n'en est qu'un exemple.

Créer et entretenir un sentiment d'identité fort, ce qui est un élément essentiel
dans la construction de l'esprit communautaire, a toujours été un des défis
canadiens, surtout en vivant dans l'ombre de notre puissant voisin agressif du sud.
Les décisions fédérales récentes, telle celle du «libre» échange, sapent ces qualités,
qui non seulement nous distinguent des Etats-Unis, mais nous rendent heureux
d'habiter de ce côté de la frontière.

La guerre du Golfe est un exemple simple mais effrayant de la volonté de notre
gouvernement actuel de suivre la direction des Etats-Unis, sous l'apparence d'une
résolution de l'O.N.U. Au lieu d'engager nos troupes dans une guerre folle, nous
aurions pu prendre une position vraiment courageuse en faveur de la paix. Si le
Canada prenait des décisions indépendantes comme celle-ci, cela irait loin, créant
un sentiment d'identité et de communauté.

Une de nos rares qualités au Canada a toujours été notre engagement envers
le bien d'autrui, en d'autres termes, le bien de la communauté et de la communauté au sens large; en comparaison avec le bien individuel dans son implacable
ascension vers le haut de la masse, ascension qui s'applique plus aux hommes

qu'aux femmes. Ce sentiment de communauté, face à un système qui récompense l'égocentrisme matériel, a toujours été un élément fort dans la création d'un visage plus humain du Canada, et c'est CECI qui est en train de disparaître, et avec lui «le ciment».

Appelez-le socialisme démocratique ou plus simplement une vue du monde plus humaine; quelle que soit l'étiquette que vous lui donnerez, il traite de soins à l'égard de votre communauté, de votre planète, au moins autant que de vos désirs personnels. Dans une communauté qui s'est égarée, les «désirs» personnels se confondent avec les «besoins» personnels. Nous avons BESOIN de l'esprit familial et communautaire dans notre vie; nous DESIRONS posséder plus et de meilleures choses.

Cependant, même face à tous ces obstacles, il y a aussi une vitalité à l'esprit communautaire canadien. Cette vitalité est à mettre en rapport avec le fait que nous sommes à un carrefour. Notre esprit est en train de changer et cela fait partie d'une évolution naturelle produite par les démographies et les perspectives changeantes qui ne conviennent plus très bien aux entités provinciales existantes, des frontières créées il y a plusieurs générations par une poignée d'hommes du dix-neuvième siècle qui percevaient le monde d'une façon très particulière. Les politiciens et les ingénieurs ont regardé le pays linéairement et ils ont créé des frontières, de provinces, de comtés et de communes, qui n'avaient rien à voir avec le paysage naturel.

Je me suis trouvée confrontée à une situation qui, je crois, reflète clairement cette idée quand j'ai participé à l'organisation d'une conférence d'actrices internationales au Canada. Je devais faire face au problème chronique canadien de la représentation régionale, comment organiser une conférence qui allait représenter la totalité du Canada. J'ai commencé par les séparations standards par province mais j'ai été frappée par le fait que ces divisions n'étaient plus appropriées, si jamais elles l'avaient été.

J'ai effacé les frontières provinciales et j'ai essayé de créer de nouvelles régions basées sur le paysage, la géographie naturelle et la culture. Je suis arrivée à ces catégories: urbaine, rurale, les Maritimes, le Québec, les Prairies, les montagnes et l'intérieur, la Côte occidentale, le Nord, les autochtones et les minorités.

Une telle approche pourrait être appellée régionalisme biologique et ethnologique. Je voudrais faire remarquer ici qu'une géographie naturelle commune relie les gens et qu'un sentiment d'unité provient d'un sentiment d'appartenance à un endroit.

En guise de clôture, je voudrais résumer ce que j'ai dit dans une courte liste de suggestions car je pense que c'est ce que vous êtes en train d'essayer de retenir de toutes les voix que vous avez entendues. Voici donc ma liste:

1) Examinez la configuration actuelle des frontières que nous appelons le Canada avec un esprit ouvert, en prenant en considération des facteurs ethnologiques et géographiques. Changez-la, peut-être de manière draconienne, au lieu de la jeter complètement.

2) Donnez plus de pouvoirs locaux, à nouveau en vous basant sur des facteurs ethnologiques et géographiques, avec l'espoir que ces nouvelles bases de pouvoirs choisiront de rester au soin de la communauté canadienne diversifiée; les exemples les plus astreignants (mais pas les seuls) sont la communauté autochtone et la communauté québecoise.

3) Eliminez les décisions fédérales qui découragent les éléments uniques de notre identité canadienne. Soutenez les décisions qui encouragent la construction communautaire à un niveau local, régional et national.

4) Encouragez une participation plus active dans notre démocratie au moyen d'une exploration constante des façons innovatrices de favoriser la responsabilité sociale.

Mon expérience dans la construction communautaire indique clairement que les gens VEULENT vraiment et ont besoin d'exprimer un sentiment d'appartenance; qu'une communauté qui prend fermement soin des siens vient au deuxième rang seulement après une famille aimante. Notre communauté canadienne DOIT changer pour répondre à notre époque changeante. Sinon, elle disparaîtra tout comme les dinosaures.

Dale Hamilton

Note de l'Editeur

VIRGIL MARTIN a grandi au village de St. Jacob, au coeur de la plus grande région habitée par les Mennonites en Ontario. Il est auteur de deux livres sur l'Ontario du sud, et directeur des Naturalistes de Kitchener-Waterloo, aussi bien que des Associations des naturalistes de l'Ontario. Il s'est récemment ré-inscrit à l'université sous un programme d'études indépendantes, afin d'obtenir une licence en conservation, héritage naturel, et planification de l'aménagement du térritoire. Sa présentation au Forum des citoyens avait comme thème l'identité nationale en tant qu'un «sentiment d'appartenance» ...

La portée de notre sentiment d'appartenance à un endroit est très étendu. J'imagine ce sentiment comme une série de cercles concentriques qui s'étendent en dehors de chacun de nous. Le plus près de ces cercles constitue notre espace personnel, dont les psychologues nous rappellent fréquemment l'existence et que les représentants insistants violent souvent. Puis vient notre foyer, ensuite la communauté, le paysage, la région, la nation, le continent, la terre et l'univers.

Maintenir l'équilibre entre ces cercles circonscrits que j'appelle notre «sentiment d'appartenance", signifie reconnaître leur interdépendance. Par exemple, nous admettons qu'un foyer est heureux si chacun de ses membres partage un sentiment sain à l'égard des autres et de la communauté. Sans ces dimensions internes et externes, le concept de «foyer" perd pratiquement toute signification.

Le même principe s'applique à tous les cercles. Cela vaudrait la peine d'insister sur ce fait à l'échelon national. Si nous n'avons pas de sentiment à l'égard des régions qui forment ce pays, nous ne savons pas ce qu'est le Canada. De même, sans la compréhension du contexte continental, nous ne pouvons prétendre connaître notre nation et qui nous sommes. J'ajoute que je pense être légitime dans les circonstances actuelles de définir au moins en partie notre identité nationale en termes de ce que nous ne sommes pas.

La région de Waterloo, ainsi que vous devez le savoir, a une grande communauté mennonite. Bien que la plupart de ces personnes aient un aspect moderne, quelques-unes restent attachées de façon tenace à leur technologie du

XIXe siècle. Ces gens continuent à utiliser la force chevaline pour leur transport. Ceci peut paraître très inefficace mais imaginez la vue d'un siège de boghei. A pas lents et sûrs, on a le temps d'apprécier la campagne, d'écouter les oiseaux chanter, de parler aux voisins ..., finalement de développer un sentiment profond d'appartenance à l'endroit où l'on vit.

Par contre, le reste du monde ne voit que droit devant, à travers le pare-brise, pas plus loin que la route. Notre grande mobilité diminue notre sentiment d'appartenance, et contribue au declin de notre foyer et à la perte de vraies communautés (je ne parle pas de lotissements qui se développent en une nuit). Nous sommes en train de devenir une société déracinée. C'est très facile de partir ailleurs si l'on n'est pas satisfait de nos alentours. La seconde résidence de fin de semaine, la Floride pendant le congé scolaire de mars, une excursion aux Etats-Unis pour faire des achats, ce ne sont pas là les options offertes à nos voisins de la vieille communauté mennonite. Au contraire, ils resteront chez eux et se contenteront de ce qu'ils ont.

Je pense que notre perspective détermine nos attitudes. Si l'on met au point une perspective saine et équilibrée, notre sens des responsabilités envers l'environnement augmentera, en cercles de plus en plus larges, et les endroits dont nous avons entendu parler en feront partie. Si les perceptions individuelles s'harmonisaient sur une vaste étendue, elles pourraient former une collectivité que l'on appellerait l'identité nationale. Mais il est essentiel que chaque cercle se mélange aux autres pour développer un sentiment total d'appartenance à l'endroit où l'on habite.

Dans le monde occidental, on a toléré la dégradation de l'environnement, tout comme on l'avait fait à l'égard de l'esclavage et du colonialisme. Nous avons eu une attitude impérialiste tout au long de notre histoire coloniale. «Combien peut me rapporter ce terrain?" semble bien résumer l'idée. Si les fourreurs, les bucherons et les pionniers avaient eu un sentiment d'appartenance à l'endroit où ils habitaient plus sain, ils se seraient posé une toute autre question: «Comment puis-je vivre de cette terre et en faire partie?" Je pense que la société canadienne se responsabilise plus pour l'environnement, même si nos politiciens sont lents à l'admettre. Nous commençons à penser et à agir plus comme des autochtones et moins comme des occupants étrangers.

L'avenir du Canada ne devrait pas être construit sur des erreurs politiques et des accidents historiques mais plutôt sur un sentiment sain et collectif d'appartenance à un endroit. Nous devons apprendre à nous voir comme partie intégrante d'une terre au lieu d'imaginer que la terre nous appartient. Ceci nous ferait adopter une éthique autochtone: «Notre foyer, terre de nos aïeux». Si nous prenons cette pensée à coeur, nous pourrons aller plus loin que les débats ethnocentriques actuels pour savoir qui reçoit le plus. La terre elle-même devrait être la vision partagée qui unit cette mosaïque culturelle que l'on appelle le Canada.

Virgil Martin

Note de l'Editeur

*ROLF THIESSEN enseigne la géographie et les études religieuses à l'école sec-
ondaire mennonite (Rockway Mennonite Collegiate) de Kitchener. Il est père de
deux jeunes enfants, et c'est à eux qu'il pense quand il exprime son profond souci
pour l'avenir du Canada et de l'environnement. Quand il a pris la parole au
Forum des Citoyens le 27 février passé, il y a emmené ses étudiants de 4ème
année pour qu'ils puissent partager l'expérience, et entendre les discussions ...*

J'aimerais parler en tant qu'enseignant. Je suis un enseignant qui continue à voir la
transformation que l'éducation peut produire et cela m'encourage. Mes espoirs sont
dirigés vers l'énorme sensibilité qu'ont nos jeunes à avoir plus qu'un simple contact
avec notre environnement physique. Pour aider à développer cette sensibilité
écologique, les écoles devraient prendre la décision de l'enseigner systématiquement.

J'espère que, grâce à des études sur l'environnement, on aura une génération
de Canadiens dont la préoccupation serait de prendre soin, de restaurer et de
mettre en valeur l'environnement naturel; une génération pour laquelle les bénéfices et le niveau de vie viendraient au second plan, après la certitude que les
générations futures pourront aussi profiter de la qualité de vie, en accord avec un
environnement sain.

Je ne peux parler que du programme de géographie du niveau secondaire
puisque c'est la matière que j'enseigne. Je suis satisfait de voir non seulement
l'augmentation de la sensibilité à l'environnement mais aussi l'intégration des
valeurs géographiques en second avec la situation géographique. Pour créer un
intérêt et aller au-delà d'un anthropocentrisme égoïste, il faudrait inclure un cours
d'éthique écologique dans l'enseignement. Cette éthique-là devrait trouver sa
pleine expression dans la littérature, les cours d'économie politique, de sciences,
en fait depuis l'élémentaire jusqu'à la fin du secondaire.

La langue et la culture françaises étaient assez importantes pour créer un programme d'immersion française. L'augmentation du génocide écologique sur cette
planète et bien sûr au Canada mandate une poussée éducative similaire. Pourquoi
ne pas songer à des cours d'immersion en études écologiques?

Ce que je propose inclus:

1) d'instruction en éthique de l'environnement;
2) d'études écologiques ques pendant toutes les études, du jardin d'enfants
   à la 12e année;
3) de cours généraux en plein air, du jardin d'enfants à la 12e année;
4) d'encourager les étudiants à poursuivre des carrières liées à l'environnement;
5) de création d'emplois par les gouvernements dans le secteur de l'environnement, de reformation d'individus dont la profession est préjudiciable
   à l'environnement ou qui ont perdu leurs moyens d'existence à la suite
   de l'épuisement des resources.

Quant aux «cours généraux en plein air, du jardin d'enfants à la 12e année»
y a-t-il un meilleur moyen de sensibiliser des étudiants à l'égard de l'environnement qu'en les immergeant en pleine nature? J'aimerais voir l'implantation
d'un programme général d'éducation en plein air qui permettrait à chaque
étudiant d'avoir plusieurs alternatives, du jardin d'enfants à la 12e année, afin de
l'échapper de la stérilité et de l'artificialité de la ville et l'exposerait à la nature et à
la vie sauvage. Par ce moyen, le caractère sacré, l'interrelation et la beauté intrin-
sèque de la création aideraient les étudiants à considérer la nature comme plus
qu'une simple ressource utilitaire ou qu'une frontière hostile qu'il faut domestiquer.

Deux enfants Inuit de Kuujjuaraapik font voler leur cerf-volant.
At Kuujjuaraapik, two Inuit children fly their kite.

Editor's Note

Some of the students that had been at our Citizen's Forum presentation wanted to help our work on Earth Day this year, so they took on the job of labelling the large mailing to announce this book SPIRIT OF THE WOLF. I asked their names so that we could thank them. From Kitchener's Mennonite Rockway High School they were:

Kanna Wakao
Fiona Ng
Cara Bonesteel
John Wisniewski
Bryan Kipfer
Janelle Albrecht
Anna Deboer
Noriko Gorai
Erika Haalboom
Elsie Leung

Not long after that I met **DENNIS LU** who comes from a village close to Hangzhou in Zhejiang province in mainland China, a place so small that the only vehicle in that village – and twenty-seven others close by – is the postman's bicycle; and so remote that many inhabitants do not know what is on the other side of their mountain. Dennis excelled at school and was able to go to University in Shenyang, to specialize in Material Sciences. Six years ago he came to Canada and is studying for a Doctorate at McMaster University. One of the Founders of the Canadian Federation of Chinese students and Scholars established following the Tiananmen Square massacre of 1989, he was granted landed immigrant status in May. And so he is the newest Canadian resident in this book. It is his vision of Canada that ends it .. the new Canada that the students at Rockway, the children of the Great Whale and Dennis Lu are helping to build. Let us rejoice and, as the song says, LET IT BE" ...

The key to the Canadian unity, entirely missed by the Spicer and all the other commissions, is our land and its environment, which has pulled us together – English, French, German, Italian, Chinese, Native and more than twenty other ethnic groups – to form our very own nation of Canada.

If we break up, writes Peter Van den Bergh of Toronto to the Globe and Mail, it will not be because of headlines or the debate of the politicians, bureaucrats and journalists, it will be because we no longer know the land which once shaped us – this land and its ecosystems which we have abused by over-exploitation, pollution and habitat destruction: this land suffering from acid rain, ozone depletion, the greenhouse effect, vast deforestation, poisoning of the waters, soil erosion, plant and species extinction, garbage crisis and all the other damage inflicted by human beings.

The discussion on Canada's future and its unity based on the political and language differences, rather than on the protection of our land and its environment, is totally pointless and self-destructive.

Maybe Canada has never made sense as a nation, argues John Dunn (reporter for Whitehorse Star), maybe we are a nation still in the process of formation, one that is just too big and where perhaps people can't have much in common when they live 5,000 kilometres apart in different time zones with different interests. But one thing is certain. The problems of Canadians are minuscule when compared with those of most of the people of the world. "If we let Canada sleepwalk to oblivion, while we dream our backyard dreams", writes Dunn, "what are we saying to the vast majority of the world's citizens who still struggle for food, shelter or even basic human rights?"

Through Chinese eyes, Canada is seen as heroic and humanitarian, like Dr Norman Bethune. Internationally, it is considered a compassionate leader in aiding refugees and those suffering from famine and other social and natural disasters. The names of Terry Fox and Rick Hansen are known worldwide for their courage. At the United Nations no other country has had the peacekeeping reputation of Canada. To the early European immigrants and all those arriving more recently, Canada has seemed like an earthly paradise, a Garden of Eden.

What makes us Canadians seem so special to others? Is it that we are the people who used to be in harmony with nature? Writer Wade Davis in Vancouver felt this when he wrote that our landscape defines our people and our Canadian culture springs from the spirit of this place. Our qualities flow from mother nature – nurturing, spiritual – giving us the strength to survive and flourish. "Mon pays ce n'est pas un pays, c'est l'hiver," sings Gilles Vigneault the great poet of Quebec.

Does it surprise us to discover that these are the values cherished by our ancestors? "For us this land resonates with our memories and meaning, while for native peoples the land embodies their entire history, culture and identity" says David Suzuki.

However, these old national values and our Canadian identity have been gradually eroded and overshadowed by our modern political and business practices. As Dunn observes, "The current constitutional debate has been about jurisdiction, about divvying up and trading powers. We seem at times to be participating in an antiseptic discussion about who should get what and why, rather than what we stand for as a unique country. It has all the romance of a stock market ticker tape." And current business management policies focus virtually entirely on maximum short-term profits, turning a blind eye to any consideration of the often-resulting devastation of nature.

Surely, this is not the direction in which we Canadians want to be led. We are tired of these endless squabbles and we are ready to change our attitude towards our land and its environment. Dunn contends, "It is this strong attachment to our common place – whether it is a nation, a province or a town, that is the only thing that gives us a sense of Canadian identity, a sense of being home. And home in Canada is a sprawling mansion with different wings", – one that gives us a sense of earthly paradise in harmony with biodiversity.

It is time for us to turn around and ask the native people to help us rediscover our home and the spiritual values we have lost. Only then will we heal our wounded parts and allow our waiting wholeness to emerge. Only then will we regain our national soul. " ... **When the time is right, the spirit of the wolf will return.**"

Note de l'Editeur

Quelques uns des étudiants qui avaient assisté à notre présentation au Forum des Citoyens voulaient nous aider cette année à notre travail pour le Jour de la Terre. Ils se sont donc chargés de faire tout l'étiquettage de notre gros mailing qui a annoncé ce livre «L'âme du Loup». J'ai demandé la liste de leurs noms, afin de pouvoir les remercier tous. De l'école secondaire mennonite de Kitchener, ils sont:

Kanna Wakao

Fiona Ng

Cara Bonesteel

John Wisniewski

Bryan Kipfer

Janelle Albrecht

Anna Deboer

Noriko Gorai

Erika Haalboom

Elsie Leung

Peu de temps après cela, j'ai recontré **DENNIS LU**, qui vient d'un village près de Hangzhou dans la province de Zhejiang en Chine, un coin si simple et traditionnel que le seul véhicule du village – et des 27 villages voisins – était la bicyclette du facteur, et dont la plupart des habitants ne savaient pas ce qui se trouvait de l'autre côté de leur montagne. Dennis a excellé à ses études, si bien qu'il ait pu partir à l'université de Shenyang, afin de se spécialiser en études de sciences des matières. Il y a six ans il est venu au Canada, où il est actuellement candidat doctoral a l'université McMaster. L'un des membres fondateurs de la Fédération des étudiants et savants chinois du Canada, fondé suivant le massacre de la Place Tiananmen en 1989, il a recu son visa de résident permanent au mois de mai de cette année. Il est donc le plus nouveau résident du Canada représenté dans ce livre. C'est sa vision du Canada qui mène ce livre à sa conclusion – le nouveau Canada que les étudiants de Rockway, les enfants de la Grande Baleie et Dennis Lu aident à bâtir. Nous pouvons donc nous réjouir, et comme dit la chanson, «Let it be ... ».

La clef de l'unité canadienne, qui a été entièrement manquée par la commission Spicer et toutes les autres commission, est celle de notre pays, notre terre, et de son environnement qui sert à nous réunir tous – qu'on soit anglais, français, allemand, italien, chinois, indigène – ou de n'importe quelle autre groupe éthnique – dans la formation de notre propre nation qu'est le Canada.

Si le Canada finit par se démembrer, écrit Peter van de Bergh de Toronto sur le Globe & Mail, ce ne sera pas à cause de tous ces débats de politiciens, de bureaucrats et de journalistes qui font la une; ce sera plutôt parce que nous ne connaissons plus la terre, notre terre qui autrefois nous formait – cette terre avec ses écosystèmes que nous avons tant abusés par la sur-exploitation, la pollution, la déstruction des habitats; cette terre qui souffre des pluies acides, de l'épuisement de la couche d'ozone, de l'accumulation des gaz carboniques, de l'érosion de la terre, des extinctions de flore et de faune, de la crise des déchets – et tous les autres dégats infligés par les êtres humains.

La discussion actuelle sur l'avenir et l'unité du Canada qui se base sur des différences de langue et de points de vue politique, plutôt que sur la protection de notre terre et son environnement, est tout à fait inutile, et meme suicidaire.

Le Canada n'a peut-être pas de sens en tant que pays, constate John Dunn (journaliste pour le Whitehorse Star), nous sommes peut être un pays encore en cours de formation – un trop grand pays où les gens ne peuvent pas beaucoup avoir en commun, vivant les uns à 5,000 kilomètres des autres, avec des fuseaux horaires et des intérêts différents. Mais une chose est certaine. Les problèmes des canadiens, comparés à ceux de la plupart des gens au monde, sont minuscules. «Si nous permettons que le Canada se dirige vers l'oubli comme un sonnambule, pendant que nous rêvons chacun nos petits rêves,» écrit Dunn, «que disons-nous à la vaste majorité des citoyens du monde qui luttent encore pour se procurer de la nourriture, un abri – ou même les droits fondamentaux de l'homme.

A travers les yeux d'un chinois, le Canada paraît héroïque et humanitaire, tout comme le docteur Norman Bethune. Sur le plan international, le Canada est perçu comme leader compatissant, offrant son aide aux refugiés, et à tous ceux qui souffrent les conséquences de la famine et des autres désastres sociaux et naturels. Les noms de Terry Fox et Rick Hansen sont reconnus à travers le monde comme synonymes de courage. Aux Nations unies, aucun autre pays ne rivale le Canada dans le rôle de gardien de la paix. Aux premiers immigrants européens – et à tous ceux qui ont plus récemment débarqué chez nous, le Canada paraît un paradis terrestre, un vrai jardin d'Eden.

Quelle est la qualité qui rend les canadiens si spéciaux aux yeux des autres? Est-ce une perception que nous sommes des gens qui vivent en harmonie avec la nature? L'écrivain Wade Davis à Vancouver exprimait ce sentiment quand il écrivait que c'est la terre qui donne la définition à un peuple, et que notre culture jaillit de l'esprit de cette place. Nos qualités s'écoulent de la nature – nourrissantes, spirituelles – et nous donnent la force de survivre et de prospérer. «Mon pays, ce n'est pas un pays – c'est l'hiver,» chante Gilles Vigneault, le grand poète québecois.

Serions-nous étonnés de découvrir que ces valeurs étaient celles que chérissaient nos ancêtres? Pour nous, «ce pays résonne de nos souvenirs et notre histoire, tandis que pour les amérindiens la terre est l'incarnation de leur passé, leur culture et leur identité … » dit David Suzuki.

Mais ces valeurs collectives de nation, et notre identité canadienne ont été petit à petit érodées et ombragées pas nos pratiques modernes en politique et en affaires. «Le débat actuel sur la constitution se concentre sur les questions de jurisdiction, de la division et le partage de pouvoir. On a l'impression parfois de participer à une discussion antiseptique qui sert à déterminer qui mérite quoi et pourquoi – au lieu de définir ce que nous représentons en tant que pays exceptionnel.

On y trouve tout le romantisme d'un ruban de calculatrice à la Bourse.» De nos jours la politique en gestion d'affaires est visée pour ainsi dire uniquement sur le profit maximum à court terme, laissant de côté toute considération de la dévastation de la nature qui trop souvent en résulte.

Celui-ci n'est sûrement pas le chemin que nous, en tant que canadiens, voulons poursuivre. Nous nous fatiguons de ces querelles sans fin et nous sommes prêts à changer notre attitude envers notre pays – notre terre – et son environnement. Dunn affirme que «c'est cet attachement à notre place commune – que ce soit une nation, une province ou une ville – qui nous donne un sens d'identité canadienne, une sensation d'être chez soi. Et le Canada, chez nous, est un manoir étendu qui comprend des ailes différentes, » et nous donne un sens de paradis terrestre en harmonie avec la biodiversité.

Il est temps que nous prenions un virage, que nous demandions à nos peuples indigènes de nous aider à redécouvrir notre terre et les valeurs spirituelles que nous avons perdues. Seulement à ce moment là pourrions-nous retrouver notre âme nationale … **«vienne, vienne le moment où se réveillera l'âme du Loup.»**

Quand les animaux feront appel à nous,
    nous demandant de les aider,
        comprendrons-nous ce qu'ils nous disent?
Quand les plantes s'adresseront à nous
    dans leur subtile et beau langage,
        serons-nous capables de leur répondre?
Quand la planète même
    se chantera dans nos rêves,
        Serons-nous capables de nous éveiller,

à l'action?

When the animals come to us,
    asking for our help,
        will we know what they are saying?
When the plants speak to us
    in their delicate, beautiful language,
        will we be able to answer them?
When the planet herself
    sings to us in our dreams,
        will we be able to wake ourselves,

and act?

GARY LAWLESS
adapté par *Marc Mathan*

GRETCHEN McHUGH is a photo journalist for the Riverdale Press in the Bronx, and won the New York weekly press Photographer of the Year Award in 1988. "The Hungry Hiker's book of Good Cooking" is her culinary guide for backpackers, and she calls herself a "river person". It was her work with Clear Water Inc., the Hudson River coalition headed by Pete Seeger, that deepened the concerns that have led her to devote so much of her life to the protection of James Bay. She has spent weeks with the Cree and Inuit on the Great Whale River, recording the harsh beauty of the land, and the tragedy that is unfolding for the people. The photographs are her gift to all who are working for understanding and change ... in the Spirit of the Wolf.

GRETCHEN McHUGH est photojournaliste à la Riverdale Press du Bronx, New York, et en 1988 était gagnante du prix du Photographe de l'année, offert par les Hebdomadaires de New York. Son livre «The Hungry Hiker's Book of Good Cooking» est une guide culinaire pour randonneurs, et elle se nomme «rivièreophile». C'était son travail en collaboration avec Clear Water Inc., la coalition du fleuve d'Hudson dirigée par Pete Seeger, qui a approfondi les intérêts qui l'ont menée à dedier autant de sa vie à la protection de la Baie James. Récemment elle a passé beaucoup de temps parmi les Cris et les Inuits aux bords de la rivière de la Grande Baleine, à photographier la rude beauté de la terre ainsi que la tragédie qui se deroule chez eux. Ces photos sont un cadeau de sa part à tous ceux qui travaillent pour améliorer la compréhension et pour effectuer du changement ... dans l'esprit du Loup.

"Spirit of the Wolf" was assembled and edited by **JO DAVIS**, who has been an activist for refugees, the peace movement, bilingualism, and international development. Jo came to Canada from England in 1953, and worked as a writer, director and producer for public management at TVOntario for several years. She founded the TURNAROUND DECADE GROUP in 1989 to provide a focus for ecological communications. **Jo Davis** has two daughters, a son and five grandchildren – Cameron, Sam, Danny, Sean and grand-daughter Devon, the newest family member. Referring to the people in "Spirit of the Wolf" Jo believes that "the planet is inventing us to do this work".

«L'Ame du Loup» a été assemblé et edité par **JO DAVIS**. Elle a été activiste pour les refugiés, pour le mouvement de la paix, pour le bilinguisme et pour le développement international. Arrivée au Canada de l'Angleterr en 1953, elle a travaillé depuis comme scénariste, réalisateur et producteur de programmation de télévision publique et commerciale. Elle a aussi été cadre chez TVOntario pendant plusieurs années. Elle a fondé le Groupe de la Décennie du Grand Virage en 1989 afin de se préoccuper de la communication écologique. **Jo Davis** est mère de deux filles et un fils, et grand-mère de Cameron, Sam, Danny, Sean et de la petite Devon, la plus recemment arrivée de la famille. En parlant de ses collaborateurs sur «L'Ame du Loup», elle croit que «la planète nous invente pour faire ce travail.»

Spicer set to face MPs' grilling over $27 million cost of forum

Mulroney defends Spicer as budget hits $27.4 million

Jamais une commission n'a dépensé autant d'argent si vite, confirme Ottawa

Acknowledgements/Remerciements

Except for printing, Canada Post, Ma Bell, courier and some (not many) photo costs (all of which will be recouped out of sales), **everything else that went into the writing, translation, research, production, photography, art and promotion of this book has been contributed as a labour of love for Canada and for Canada's environment.**

Very special thanks are due to our TRANSLATORS, headed by **Claudine Delire** of CD Translation Services and students Roberto Angel, Alejandra Flah, Dionne Lapp, Rita Plaitis, Laura Velazquez, Tessa Windt, pressed into service by the cheerfully persistent **Mary Torcat** (whose agency usually handles Spanish and oriental languages!) Also involved were **Ghislaine Williamson** and **Suzanne Asselin** of Kitchener's Cardinal Leger School: **G. McDonald** among the Toronto helpers: **Christian Chauret** of Waterloo: and also **Harry Gow** (train-expert and bilingual, too) of Ottawa: **Marc Mathan** for his moving adaptations of Gary Lawless' poems: **Carmen Drouin** for some vital last-minute translations and touch-ups: and especially **Jocelyn Hay** in Clifford Lincoln's office who somehow rendered many under-the-wire submissions into graceful French.

In Ottawa: Thanks to the staffs of Jim Fulton, M.P. and Lynne Hunter, M.P. for help with many questions, especially on forestry isues – and particularly **Laurie Gourlay** for lists, info. and much encouragement. And to **Heather Hamilton** in Elizabeth May's **Cultural Survival** office, for all her work in launching this book: and Art and Mary Kube for hospitality and good advice.

From the Press: Thanks to **Adrien Cantin** of Le Droit, **Sonja Lindegger** of the Globe and Mail, **Carolyn Ryan** of St. John's Sunday Express, **Melody Martinuk** of the Waterloo Chronicle and **Carolyn Rittinger** of the K-W Record for reprint rights. And especially **GABLE** of the Globe and Mail, **TING** of London Free Press, **BADO** of Le Droit and **BERTHIO** of Le Soleil for their inspired and hilarious cartoons.

The extraordinary photographs of the people and environment of James Bay have been contributed by **Gretchen McHugh** of New York, whose passion for this issue is shared by **Ann Stewart** and so many others in the United States, Quebec and the rest of Canada. Also thanks, again to **Mike Schafer** of Passenger Train Journal, Waukesha, for letting us reprise the beauty shots of Canada's past train glory (which we first showed in NOT A SENTIMENTAL JOURNEY).

In Kitchener-Waterloo thanks to **Mayor Brian Turnbull** who provided Waterloo's Council Chambers for our attempt to "green" the Spicer Commission, and to all those who took part that day – in the book and in the audience. And to University of Waterloo Environmental Resource Studies students, **Birch Behmann, Jonathan Solomon, Hedwig van Asten** and **Colin Umbach** who've dug for some elusive research details: to students and staff at Rockway Mennonite Collegiate for help with our mailings: and to **Dawn Mongillo** who made possible a lot of copying at **Sprint Print**, and to **Paul Winkler** of Fairway Group who made possible all the photography on February 27th at Waterloo City Hall.

Fellow Environmentalists **Rick Beharriel** of Pollution Probe and **Bruce Kershner** of Great Lakes United were generous in sharing treasures from their photo libraries.

At Ainsworth Press, **Bob Powell** cajoled, soothed and, always good-natured under pressure, somehow shepherded this to completion by our publication date of June 27th.

AND VERY ESPECIALLY **Ruthann Fisher**, who got into the Turnaround Decade Group because of trains and now helps organize so much of what we do, including a punishing session "bulk mailing" our brochures with family members **Mildred** and **Gail** and friend **Rosemary Jaclitsch**: and **Margaret Motz**, our Board Member who keeps an eye on important details and made sure there would be a promotion campaign: and finally (but by no means least) Board Member **Elise Houghton** without whose multi-talents (including translation), industry contacts, sense of the absurd and friendship none of this could have happened. Mille fois merci à tous.

Jo Davis
June 17, 1991

The following are some of the organizations who have helped with this book, or with whom we are otherwise affiliated:

GENERAL ENVIRONMENTAL
Pollution Probe
12 Madison Avenue,
Toronto, Ontario M5R 2S1
(416) 926-9876
Ontario Environment Network
2 Quebec Street #201C,
Guelph, Ontario N1H 2T3
(519) 837-2565 (Att'n: Tom Klein Beerninck)
Conserver Society of Hamilton
20107 – 856 Upper James Street,
Hamilton, Ontario L9C 7M5
(416) 385-8524 (Att'n: Jim Macdonald)
Grassroots
R.R. #6, Woodstock, Ontario N4S 7W1
Union Quebecoise pour la Conservation de la Nature
160 – 76th Street East, Charlesbourg, Quebec
(418) 628-9600 (Att'n: Christian Simard)

Les suivants sont quelques des organisations qui nous ont aidés dans la préparation de ce livre:

FORESTS/FORETS
Future Forest Alliance
P.O. Box 224, New Denver, B.C. V0G 1S0
Western Wilderness Cttee.
20 Water Street, Vancouver, B.C. V6B 1A1
(604) 683-8220 (Att'n: Jarred Irwin)
North Watch
North Bay, Ontario   (705) 497-0373
Greenpeace
185 Spadina Avenue,
Toronto, Ontario M5T 2C6
(416) 345-8408 (Att'n: Gordon Perks)

JAMES BAY/BAIE JAMES
N.E. Alliance to Protect James Bay
139 Antrim Street, Cambridge, Mass. 02139
(617) 491-5531 (Att'n: Ann Stewart)

Coalition pour un Debat sur l'Energie
10763, rue Berri, Montréal, Québec H3L 2H3
(514) 384-9867 (Att'n: Yves Vaillancourt)
Municipality of Kuujjuaraapik
P.O. Box 360,
Great Whale River, Quebec J0M 1G0
(Sappa Fleming, *Mayor*)
Grand Council of Crees of Quebec
24 Bayswater Avenue,
Ottawa, Ontario K1Y 2E4

JAMES BAY and General
Cultural Survival Canada
1 Nicholas Street, Suite 420,
Ottawa, Ontario K1N 7B7
(613) 233-4653 (Att'n: Heather Hamilton)

TRANSPORTATION
Transport 2000
22 Metcalfe Street, P.O. Box 858, Station B,
Ottawa, Ontario K1P 5P9
(Att'n: Martin O'Connell)

ENVIRONMENTAL LAW
Canadian Institute for Environmental Law &
Policy (CIELAP)
517 College Street, #400,
Toronto, Ontario M6G 4A2
(416) 923-3529

WATER QUALITY
Great Lakes United
State University College, Cassety Hall,
1300 Elwood Avenue, Buffalo, New York 14222
(716) 886-0142

BIOREGIONAL
The New Catalyst
P.O. Box 189, Gabriola Island, B.C. V0R 1X0
(604) 247-9737 (Att'n: Judith & Chris Plant)
Guideposts for a Sustainable Future
P.O. Box 374, Merrickville, Ontario K0G 1N0
(613) 269-3500 (Att'n: Mike Nickerson)
T.R.E.A.
P.O. Box 2412, London, Ontaro N6A 4G3

COMMUNITY REGENERATION
Rural Learning Association
Box 1588, Guelph, Ontario N1H 6R7
(519) 763-4831
Rural Dignity of Canada
Box 70,
Barachois de Malbaie, Québec G0C 1A0
(418) 645-3766 (Att'n: Cynthia Patterson)

MAGAZINES
Policy Options
P.O. Box 3670 South, Halifax, Nova Scotia
B3J 9Z9
Alternatives
Environmental Resource Studies, University of
Waterloo, Waterloo, Ontario N2L 3G1

The Turnaround Decade Group

... is a non-profit association of individuals and organizations which focus on the shift in values needed to make critical environmental and economic changes by the year 2000. Founding members include environmentalists, media professionals, grassroots organizations, educators, feminists, politicians, student activists, native peoples, economists and business representatives, performing and visual artists. Members contribute to the writing, research, content, translation, production, distribution and promotion of the group's projects.

Le Group de la Décennie du Grand Virage

... est une association de but non-lucratif, comprenant des membres individuels et des organizations, réunis dans un but commun de mettre en question les valeurs de notre société vis à vis l'environnement et l'économie et d'effectuer une transformation majeure à cet égard d'ici à l'an 2000. Les membres fondateurs sont des environnementalistes, des professionels en media, des participants en mouvements populaires, des educateurs, des feministes, des politiciens, des étudiants activistes, des Amerindiens, des économistes, des négociants en affaires, des artistes. Les membres sont contributeurs en rédaction, recherche, production de tout contenu, traduction, distribution et promotion de tous les projets du Groupe.

Our Forthcoming Titles

Not a Sentimental Journey The Wrecking of Canada's Passenger Trains
Updated Second Edition of the 1990 Bestseller
Paper Chase The first book in our new Consumer Series
Volume 1 investigates Paper Products from Forest to Landfill

Also Available

First Sight of Land by Gary Lawless, from which were taken the poems and drawings in this book
Creative Work by Willis Harman. "If we care truly making major shifts in values and consciousness as a people and as a planet, what impact does that have on my work life?"

*Each for **$10.00, G.S.T. and postage included** as a special offer of the Turnaround Decade Group.*

Pages 185 - 192
QUESTIONNAIRE

We very much hope that you will reply to this questionnaire. It is most important to have your feedback on the ideas expressed in this book. It is equally important to receive your own ideas, whether for or against those of the people who have spoken to you in these pages. We believe in the common sense of "ordinary" people. Furthermore it is our fundamental principle to extend the debate on the future of Canada to include the environment, and all the "ordinary" people who care about it. We are sorry that, at the last moment, it proved impossible (because of the format) to offer you this, postage paid. All the same, please don't let that stop you from replying. We need your voice in Volume 2 of "Spirit of the Wolf" – the Citizen's Forum on the Future of Canada and the Environment.

IF THE QUESTIONNAIRE, PAGES 185-192, HAS ALREADY BEEN REMOVED FROM THIS COPY OF "Spirit of the Wolf", PLEASE WRITE TO US AT THE FOLLOWING ADDRESS FOR THE FULL QUESTIONNAIRE, MEMBERSHIP INFORMATION AND/OR OUR PUBLICATIONS

Nous avons le ferme espoir que vous répondrez à ce questionnaire. Il nous est très important d'avoir votre feedback sur les idées exprimées dans ce livre. C'est également important que vous nous communiquiez vos propres idées, pour ou contre celles des gens qui vous ont parlés dans ces pages. Nous avons confiance au bon sens des gens «ordinaires». Nous avons, d'ailleurs, pour principe fondamental, d'étendre le débat sur l'avenir du Canada à l'environnement et d'incluire tous les gens qui s'y intéressent. Nous regrettons qu'au dernier moment, à cause du format, ce ne soit pas possible d'offrir des tarifs postaux à nos frais. Nous espérons que cela ne vous empêchera pas de nous répondre. Nous avons besoin de votre voix dans le Tome II de «L'Ame du Loup», le Forum des Citoyens sur l'avenir du Canada et de l'Environnement.

SI LES PAGES 185 - 192 DU QUESTIONNAIRE ONT ETE DEJA ENLEVEES DE CETTE COPIE DE «L'Ame du Loup», PRIERE DE NOUS ECRIRE A L'ADRESSE ET/OU POUR L'INFORMATION SUR L'ADHESION AU GROUPE ET/OU NOS PUBLICATIONS.

TURNAROUND DECADE GROUP
P.O. Box 788, Waterloo, Ontario N2J 4C2

Question 1

A) "Democracy substitutes election by the incompetent many, for appointment by the corrupt few."
– Maxims for Revolutionists, George Bernard Shaw
In your opinion, does this statement describe Canada today?

☐ Strong Agreement

☐ Agreement

☐ Disagreement

☐ Strong Disagreement

☐ Not Sure

☐ Other

B) In a democracy, a commission is one of many methods by which a citizen can participate in the decision-making process between elections. Some others are:

_____

_____

_____

_____

_____

_____

C) What have been your own experiences with any of the methods you have listed above?

_____

_____

_____

_____

_____

_____

A) «La démocratie substitue l'élection par la majorité incompétente à la nomination par l'élite corrompue.»
– Maxims for Revolutionists, George Bernard Shaw
À votre avis, est-ce que cette déclaration décrit le Canada d'aujourd'hui?

☐ Très d'accord

☐ D'accord

☐ Pas d'accord

☐ Pas du tout d'accord

☐ Pas sûr

☐ Autre

B) Dans une démocratie, une commission n'est qu'un moyen par lequel un citoyen peut participer dans le processus politique entre élections. D'autres moyens sont:

C) Quel est votre propre expérience en rapport avec les moyens que vous avez cités ci-haut?

Question 2

A) "The pollution of our water and food supplies by chemical and other contaminants has been greatly exaggerated by environmentalists" Is your reaction to this statement:

Strong Agreement

Agreement

Disagreement

Strong Disagreement

Not Sure

Other

A) «La contamination chimique de nos eaux et de notre nourriture a été très exagérée par les environnementalistes.» Comment réagissez-vous à cette observation:

☐ Très d'accord

☐ D'accord

☐ Pas d'accord

☐ Pas du tout d'accord

☐ Pas sûr

☐ Autre

B) What in your opinion are some of the obstacles to achieving a dramatic reduction of pollution in our environment (specify):

B) D'après vous, quels sont les obstacles à la dépollution de l'environnement (spécifiez):

_____

_____

_____

_____

_____

C) What actions are you willing to take to reduce pollution in your community?

C) Quelles actions seriez vous prêt à prendre pour réduire la pollution, dans votre communauté?

_____

_____

_____

_____

_____

Question 3

A) The forestry industry (including logging, lumber and pulp and paper) is the largest sector of the Canadian economy. In balancing economic and environmental objectives in this sector, which should have precedence:

A) L'industrie forestière (y compris les industries de bois et de pâte et papier) constitue le plus grand secteur de l'économie canadienne. Dans le bal-ancement des objectifs de l'économie et de l'environnement dans ce secteur, lequel devrait avoir précédence:

☐ Environment Much More Important / Environnement beaucoup plus important

☐ Environment More Important / Environnement plus important

☐ Equal Importance / D'importance équivalente

☐ Economy More Important / Économie plus importante

☐ Economy Much More Important / Économie beaucoup plus importante

☐ Not Sure / Pas sûr

☐ Other / Autre

B) Did you find any information in the forestry section that was new to you (specify).

B) Est-ce vous avez trouvé de l'information dans la section forestière que vous ne connaissez pas auparavant (spécifiez).

_____

_____

_____

_____

_____

C) In your opinion, what are the direct ways in which the public can change practices in the forest sector.

C) D'après vous, quelles sont les façons par lesquelles le public peut changer la pratique de l'industrie forestière.

_____

_____

_____

_____

_____

Question 4

"I believe that beavers are the only ones who should be allowed to make dams in our territory."
– *Cree Leader*

«Je crois que ce n'est que les castors qui ont le droit de construire des barrages dans notre territoire»
– *Chef Cris*

A) James Bay is a classic confrontation between the old ways of the Cree and Inuit people and the energy needs of a modern society according to Hydro-Quebec. How do you respond to the Cree leader's statement about beavers?

A) La situation Baie James est une confrontation classique entre les anciennes traditions des peuples Cris et Inuits, et les besoins enérgétiques d'une société moderne d'après l'Hydro-Québec. Comment réagissez-vous à la déclaration du chef Cris au sujet des castors?

☐ Very Realistic	☐ Très réaliste
☐ Realistic	☐ Réaliste
☐ Unrealistic	☐ Pas réaliste
☐ Very Unrealistic	☐ Pas du tout réaliste
☐ Not Sure	☐ Pas sûr
☐ Other	☐ Autre

B) The James Bay project has caused significant social and environmental impacts. What are the impacts of **your** present use of electricity?

B) Le projet de la Baie James a eu de profondes conséquences sociales et environnementales. D'après vous, quelles sont les consequences de **votre** utilisation actuel d'éléctricité?

_____

_____

_____

C) Referring to the words of E.F. Schumacher on page 66, how would you apply them to the James Bay situation?

C) En faisant référence aux mots de E.F. Schumacher à la page 68, trouvez-vous qu'ils sont applicables à la situation de la Baie James? Si oui, comment?

_____

_____

_____

Question 5

A) "Given that the automobile is responsible for 50% of the air pollution in Canadian cities, and uses 42% of downtown space for roads and parking, we should, therefore, ban its use in our downtown areas."

Strongly Agree

Agree

Disagree

Strongly Disagree

Not Sure

Other

A) Etant donné que l'automobile est responsable pour 50% de la pollution aérienne dans les centres-villes Canadiennes; et que 42% de la superficie est occupée par des routes et des stationnements, nous devrions interdire les autos de circuler dans nos centres-villes.

☐ Très d'accord

☐ D'accord

☐ Pas d'accord

☐ Pas de tout d'accord

☐ Pas sûr

☐ Autre

B) Officially, Canada's passenger rail service was cut in half because it was not cost effective. In your opinion, are there other Canadian public or private enterprises that are Government supported and are also not cost effective? (List).

B) Officiellement, au Canada, le transport ferroviaire des passagers a été coupé en deux parce qu'il n'était-pas rentable. A votre avis, y a-t-il d'autres entreprises Canadiennes, publiques ou privées, qui sont soutenues par le gouvernement et qui ne sont pas rentable non plus? (Specifiez).

_____

_____

_____

_____

C) Do you see a different approach to transportation in Canada's environmental future and, if so, how would it differ from what we have today? (Specify).

C) Dans l'avenir environnemental du Canada, voyez-vous une changement d'orientation envers le transport et, si oui, que serait transformé d'aujourd'hui?

_____

_____

_____

_____

Question 6

A) "In order to avoid the growing garbage crises in North America and to create a conserver society, we must begin immediately to introduce legislation against the dumping of materials that can be recycled, composted or re-used."

Strongly Agree

Agree

Disagree

Strongly Disagree

Not Sure

Other

A) «Pour éviter la crise de déchets qui menace l'Amérique du Nord et pour créer une société conservatrice, nous devons commencer immédiatement à introduire des lois contre l'enfouissement des matériaux recyclables, compostables ou réutilisables.»

☐ Très d'accord

☐ D'accord

☐ Pas d'accord

☐ Pas du tout d'accord

☐ Pas sûr

☐ Autre

B) Of all the waste that you produce, list the things that cannot be recycled, composted or re-used.

B) Faites une liste, s'il vous plaît, de tous les déchets que vous produisez qui ne peuvent pas être ou recyclés, ou compostés ou réutilisés.

_____

_____

_____

_____

_____

C) If the garbage dump is the symbol of the throwaway society of today, what do you see as the symbol of the environmental society of the year 2000?

C) Si le dépotoir symbolise la société gaspilleuse d'aujourd'hui, que verrez-vous comme symbole de la société environnementale de l'année 2000?

_____

_____

_____

_____

_____

_____

Question 7

A) "To protect certain rights it was necessary, in the past, to establish the separation of church and State. Similarly, to protect the environment, it has now become necessary to establish the separation of Business and State"

My opinion is...

Strong Disagreement

Disagreement

Agreement

Strong Agreement

Not Sure

Other

A) «Pour protéger certains droits, historiquement il fallut instituer la séparation de l'Eglise et de l'Etat. Semblablement, pour protéger l'environnement, il faut maintenant instituer la séparation des Affaires et de l'Etat.»

Mon opinion est ...

☐ Pas de tout d'accord

☐ Pas d'accord

☐ D'accord

☐ Très d'accord

☐ Pas sûr

☐ Autre

B) In what specific ways might a country, a province or a municipality change under government by bioregion? (some details if you will)

B) Quels pourraient être les changements specifiques pour un pays, une province ou une municipalité sous un gouverment biorégional? (des détails si vous plaît)

_____

_____

_____

_____

_____

_____

_____

_____

_____

_____

_____

_____

_____

_____

_____

8) I heard about "Spirit of the Wolf" through _____

J'ai entendu parler de «L'Ame du Loup» par _____

9) I obtained "Spirit of the Wolf" at _____

J'ai obtenu «L'Ame du Loup» a _____

10) I have read "Spirit of the Wolf"   completely ☐ complètement
J'ai lu «L'Ame du Loup»   partially ☐ partiellement
   not at all ☐ pas du tout
   other ☐ autre

11) I belong to an environmental group   yes ☐ oui
Je suis membre d'un groupe environnemental   no ☐ non

12) Please describe, if you will (briefly or in full) the community where you live.
Veuillez bien décrire (en bref ou en détail) la communauté où vous habitez

_____

_____

13) Please describe yourself (briefly or in full, as you wish).
Décrivez-vous (en bref ou en détail, comme vous voulez)

_____

_____

14) Mes idées sur un aspect de l'environnement qu'on n'a pas abordé dans ce livre sont

_____

_____

(pas obligatoire)   (optional)

Name/Nom _____

Address/Adresse _____

_____

Phone/Téléphone _____

(Thank you very much and we hope you used plenty of extra paper in your responses!)
(Merci beaucoup et nous espérons que vous avez utilisé beaucoup de feuilles supplémentaires pour nous répondre!)

RETURN QUESTIONNAIRE TO: **Turnaround Decade Group**
P.O. Box 788
Waterloo, Ontario
N2J 4C2